「MANABI」WO「OKANE」NI KAERUGIJUTSU
© HIROYUKI INOUE 2012

Originally published in Japan in 2012 by KANKI PUBLISHING INC. TOKYO,
Korean translation rights arranged with KANKI PUBLISHING INC. TOKYO,
through BC Agency, SEOUL.

이 책의 한국어판 저작권은 BC 에이전시를 통한
저작권자와의 독점 계약으로 (주)도서출판 예문에 있습니다. 저작권법에 의해
한국 내에서 보호를 받는 저작물이므로 무단전재와 복제를 금합니다.

배움을 돈으로 바꾸는 기술

부를 끌어당기는 부자들의 공부법

이노우에 히로유키 지음 | 박연정 옮김

머리말: 배움에 대한 투자를 거두어 들이는 사람, 그렇지 못한 사람

당신은 자신의 현재 상황에 만족합니까? 아니면 불만, 불평으로 가득 차 있습니까? 둘 사이의 갈림길은 하루하루, 아니 매 순간을 어떻게 살아가느냐에 따라 나뉩니다.

인간은 태생적으로 커다란 차이를 가지고 태어나지 않습니다. '천성적으로 머리가 좋다'거나 '나쁘다'고 표현하지만 그 둘 사이에 큰 차이는 존재하지 않습니다. 아이큐의 차이가 영향을 미치는 것은 기껏해야 입시공부 단계까지입니다. 단지 그것만으로 인생이 결정될 만큼 사회는 단순하지 않습니다. 좋은 학벌, 좋은 학력을 가졌어도 큰 성과를 내지 못하는 사람이 세상에는 너무나 많습니다.

그렇다면 인생을 성공으로 이끌어주는 확실한 방법이란 과연 무엇일까요? 그것은 다름 아닌 '배움', '공부' 입니다.

우주비행사 와카타 고이치는 "인간의 가치는 노력의 양으로 결정된다"고 말했습니다. 그의 이야기를 풀어서 말하면 이렇게 되겠지요. "인생의 가치, 인생의 성패는 배움의 질과 양으로 결정된다."

제가 말하는 '배움'이란 성인이 되고 난 이후의 공부입니다. 사회인으로서, 생업을 가지고 일하는 사람으로서 무엇을 얼마나 배우고 있는가? 인생의 차이는 바로 그 지점에서 발생합니다. 자격증을 취득하거나 어학 실력을 높이는 것도 물론 배움에 포함되겠지요. 하지만 그것만으로는 인생의 가치를 최대로 높일 수 없습니다.

인생의 가치를 최대화하는 배움이란 나 자신의 의식, 살아가는 자세, 일을 향한 의욕과 성취동기를 높이고 연마해가기 위한 노력을 의미합니다. 다시 말하면, 배움을 통해 인간력(人間力)을 높여나가는 과정을 뜻합니다.

배움에 의해 의식이 바뀌면 행동이 변합니다. 우리 인생의 모습은 곧 행동의 결과라 할 수 있습니다. 그리고 성공은 행동의 변화를 통해 이루어집니다. 여기서 성공이란, 나다움을 유지하며 하고 싶은 일을 여유롭게 해나갈 수 있는 금전적인 풍족함이나 사회적인 지위를 의미합니다.

저는 이제까지 '인생의 가치를 높이는 배움'을 위해 상당한 시간과 노력, 돈을 들였습니다. 투자한 돈을 합산하면 대략 1억 엔 이상일 겁니다.

배움은 계속되었고 일상은 공부의 연속이었습니다. 지금도 참석하고 싶은 강좌나 세미나가 있으면 무조건 나갑니다. 그 장소가 도쿄이건 뉴욕 한복판이건 상관하지 않습니다. 저는 홋카이도 오비히로에서 치과를 운영하기 때문에 세미나에 참석하기 위해서는 비행기를 타야 할 때가 많지만 개의치 않습니다. 그 정도는 정당한 투자라고 생각합니다. 이런 자세는 앞으로도 바뀔 일이 없을 겁니다.

이 책을 보고 계신 여러분은 분명 매일매일 배움을 지속하고 있는 사람일 것입니다. 문제는 그 지속적인 배움이 분명한 성과로 나타나고 있는가입니다. 진취적으로 올바르게 배움을 쌓아나간다면 반드시 성과로 이어지며, 구체적으로는 수입이 올라가고 사회적으로 존재감을 인정받는 결과가 나타날 것으로 확신합니다.

실제로 제 수입은 적극적으로 배움에 나선 순간부터 놀라운 속도로 늘어나고 있습니다. 상당한 수입을 벌어들인 이후 다시 다음 단계의 자기 투자를 이어나갔고, 그러한 투자가 새로운 이익을 만들어 주었습니다. 지금은 그 이익을 재투자하는 원활한 선순환이 이루어지고 있는데다 그 선순환에는 가속도까지 붙게 되었지요.

이것이 바로 배움의 경이로움입니다. 그 경이로움을 실현할 수 없다면 아무리 열심히 한들 '아무 소용 없는 배움'이라 단언할 수 있습니다. 공부는 계속하고 있지만 수입이 올라가지 않는 사람은 배움이 부족하거나 배움을 금전으로 환원시키려는 의식이 희박한 것입니다. 공들여 배우면서도 왜 그 결실을 손에 넣으려 하지 않을까요? 이런 사람은 더욱 진지한 태도로 돈이라는 주제와 마주할 필요가 있습니다.

물론 공부의 성과를 단순히 수입이 올라가는 여부로만 파악해서는 안 됩니다. 하지만 수입이 올라가면 인간관계나 업무, 취미생활, 일상 등 모든 면에서 만족감 또한 올라가게 됩니다. 제 경우를 예로 들자면, 공부를 시작하고 나서부터 놀라우리만치 인간관계가 넓어졌고 이전에는 만날 수도 없었던 사람들과 친하게 지낼 수 있게 되었습니다. 무엇보다 좋은 점은 진정 충만하다는 느낌을 받는다는 사실입니다. 그보다 더한 행복은 없습니다. 수입이 올라가는 것은 원활한 선순환의 한 가지 조건일 뿐입니다.

독자 여러분도 공부를 통해 수입이 올라가고, 최선의 노력과 최상의 능력을 발휘함으로써 만족감과 행복에 가득 찬 삶을 경험해보시길 바랍니다.

사회는 진정 가치 있는 사람을 그냥 내버려두지 않습니다. 주나라 문공이 강태공을 알아보았듯, 세상이 그 사람을 알아보게 되어 있습니다. 결국 그의 인생길은 크나큰 보상으로 이어지게 되지요.

 이제 겨우 학생 신분에서 벗어나 사회인이 되었는데 또다시 무슨 공부냐며 진저리를 치는 분이 있을지 모릅니다. 회사에서 요구하는 각종 외국어 시험 성적과 자격증으로 인해 공부라는 말만 들어도 지겹다는 분도 있을 수 있습니다. 하지만 단언컨대, 진정한 배움은 정말로 즐겁습니다. 누가 시켜서 하는 것이 아닌데도 절로 흥이 나고, 자신도 모르는 사이에 성과로 그 가치를 보여줍니다.

 '지속하는 것은 그 자체로 힘이 된다'는 말처럼, 공부는 지속하지 않으면 성과를 기대할 수 없습니다. 그렇지만 대부분 사람들은 힘든 일, 괴로운 일을 꺼리지요. 진정 즐거운 일이어야만 오래 지속할 수 있습니다.

 즐거운 공부를 하는 것은 사회에 나와 비로소 얻을 수 있는 특권이기도 합니다. 사회인의 공부는 스스로 선택해 자신의 의지로 하는 것이기 때문입니다. 하고 싶지 않으면 그저 하지 않으면 됩니다. 그 누구에게도 피해를 주지 않습니다. 다만 자신에게 가늠할 수 없는 손해를 끼칠 뿐이지요.

 또한 즐기는 공부는 잠재의식을 일깨워줍니다. 그 결과, 바라던 일이 하나하나 실현되면서 인생이 점차 생각하는 대로, 원하는 대로 흘러가게 됩니다. 이러한 공부의 선순환이 일단 궤도에 오르면 그대로 나아가기만 하면 됩니다. 자신의 존재 가치를 증명해 보이고 싶다, 즐거운 일을 하며 살고 싶다, 연봉 10억을 받고 싶다는 바람도 어느덧 손닿을 수 있는 곳에 놓이게 되지요. 지금의 제가 그렇듯 말입니다.

 이 책에서는 저 자신의 경험을 바탕으로, 잠재의식을 일깨워 선순환 구조를 만들어내는 공부법을 소개하려 합니다. 제가 최고의 성과를 낼 수 있었던 배움의 토대를 설명하고, 어떤 분야의 공부이든 이를 눈에 보이는 성과, 즉 수입으로 전환시킬 수 있는 방법을 알려드리겠습니다. 그 가운데 한두 가지라도 여러분께 참고가 될 수 있는 항목이 있고, 여러분의 인생이 배움의 기쁨과 공부로 생긴 이익에 의해 선순환의 궤도에 오를 수 있다면, 저로서는 그 이상의 기쁨이 없을 것입니다.

이노우에 히로유키

Millionaire's guide to Learning,
Earning, and Getting rich

목차

머리말─배움에 대한 투자를 거두어들이는 사람, 그렇지 못한 사람 ─4

제 1 장 인생의 모든 문제는 배움으로 해결할 수 있다

01 세상을 움직이는 법칙은 생각보다 심플하다 ─16
02 배웠으면 돈을 벌고, 익혔으면 성과를 내라! ─20
03 어디서부터 시작할지 모르겠다면 ─23
04 부를 끌어당기는 배움을 위한 첫걸음 ─27
05 의식을 통째로 변화시켜라! ─30
06 부의 선순환을 일으키는 진정한 배움이란 ─34
07 머리가 아닌, 마음의 공부가 필요하다 ─37
08 당신이 이렇게 사는 데는 다 이유가 있다 ─41
09 오늘의 현실은 어제의 생각이 만들어낸 결과물이다 ─44
10 우주의 법칙을 모르고 무턱대고 공부하지 마라 ─48
11 풍요로운 인생보다 풍요로운 인간됨을 추구하라 ─52
12 같은 값이면 무조건 세미나에 가라 ─55
13 무엇을 배울 것인가? 대답은 자신 안에 있다 ─58
14 지금 하는 일을 당신의 천직으로 만드는 법 ─63
15 괴로운 일은 노력할 필요가 없다 ─67

제2장 도무지 공부할 시간이 없다는 당신에게

16 인생을 지배할 수 있는 시간관리의 7가지 법칙 -72
17 '언젠가'와 '바로 지금'의 커다란 차이 -89
18 배움의 시간을 가장 우선순위에 두라 -91
19 시간을 두 배, 세 배로 늘리는 방법 -94
20 속독, 속청으로 속도를 몇 배로! -97
21 일상생활에서 시간효율을 최대화하는 방법 -101
22 배움은 24시간 계속되어야 한다 -105
23 가능한 큰 도시에서 열리는 세미나에 참석하라 -108
24 시간도 살 수 있다, 그것도 비싸지 않게! -110

제3장 인생을 바꾸고 싶다면 지금 당장 공부에 투자하라

25 배움은 수익이 약속된 최고의 투자 -118
26 대출 없이는 성공할 수 없다 -121
27 큰돈을 투자하고 나서야 비로소 얻을 수 있는 것 -124
28 돈을 잘 쓰면 인생이 바뀐다 -130
29 인생의 축을 물리적 성공에만 두지 마라 -132
30 돈은 존중하는 사람을 따라온다 -134
31 연봉을 더 받고 싶은 것은 죄가 아니다 -137
32 진정한 풍요를 아는 것은 자신에 대한 선행투자이다 -139
33 흔들림 없는 평가기준을 마련하라 -142
34 돈과 지식은 사용할 때 생명을 얻는다 -144

제4장 인간관계의 90%는 사람공부로 해결된다

35 맞지 않는 사람과는 무리하지 마라 —150
36 나와 잘 맞는 사람을 알아내는 법 —154
37 기분이 내키지 않는 사람에게는 중립적으로 대하라 —157
38 운이 좋은 사람과 함께 있는 것만으로도 운이 좋아진다 —160
39 '웃는 얼굴' 커리큘럼 —163
40 기를 쓰고 인맥을 만들 필요는 전혀 없다 —166
41 하기 싫은 일을 하지 않고도 인간관계를 쌓아가는 방법 —168
42 경쟁에서 기쁨을 찾아라 —172
43 그저 감사하고, 오로지 감사하라 —174
44 진심을 다해 공부하고, 진심으로 사람을 대하라 —178

제5장 공부습관으로 당신의 잠재력을 200% 끌어올려라

45 목표를 달성했을 때의 기쁨을 체화하라 —182
46 이기는 습관을 내 것으로 만들어라 —186
47 안전한 게 좋다니, 여기서 주저앉고 싶은가? —191
48 교양의 저력은 예상치 못한 순간 나타난다 —194
49 사서 쌓아두어도 좋으니 책을 사라 —198
50 신간 소식을 받아보면 효율이 배가 된다 —200
51 반드시 몸에 책 한 권을 지니고 다녀라 —204
52 정복해야 할 것은 다른 무엇도 아닌 자기 자신이다 —207
53 포기할 이유를 찾는 것은 자신에 대한 배신 —209
54 가지고 태어난 운명을 아는 것도 능력이다 —213

55 배움으로 운명을 개척하라 -217
56 아주 작은 차이가 큰 격차를 만든다 -220
57 지구본을 곁에 두고 발상의 크기를 바꿔라 -223

제6장 잠재력을 성취력으로! 원하는 나를 완성하라

58 희소금속에서 존재의 가치를 배운다 -228
59 성공을 원하는가? 자신의 성공을 단언하라! -233
60 공부와 장사는 소문날수록 잘되는 법 -235
61 SNS를 통해 당신의 깨달음을 타인과 나눠라 -238
62 소액이라도 수강비를 받는 강사가 되어보라 -240
63 꿈이 이루어지는 믿을 수 없는 일이 일어나다 -244
64 제안을 받으면 즉각 YES를 외쳐라 -247
65 원하는 것을 끌어당기는 마음의 법칙 -251
66 당신은 양극화의 어느 쪽에 속하는가? -254
67 내일이 바로 꿈이 이루어지는 그날일지 모른다 -257
68 당신의 인생을 뒤바꿀 자기암시 선언 -260

Millionaire's guide to Learning,
Earning, and Getting rich

1
인생의
모든 문제는
배움으로
해결할 수 있다

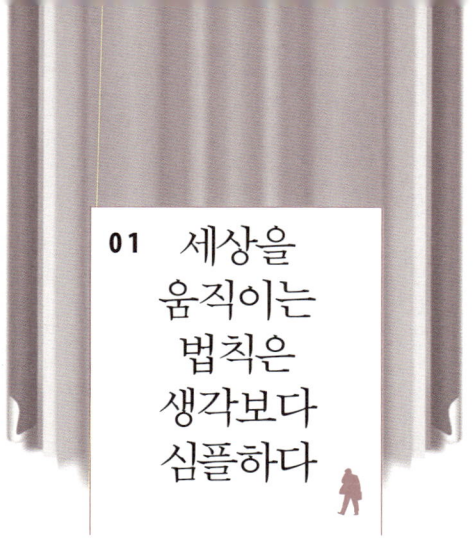

01 세상을 움직이는 법칙은 생각보다 심플하다

　세상에는 부유한 사람과 가난한 사람이 있습니다. 이것은 엄연한 사실입니다. 이 사실에 입각해 세상을 보다 단순한 눈으로 바라봅시다. 때로 진실은 잡다한 조건을 걷어내고 남은 매우 단순한 본질에 존재하기도 합니다.

　부유한 사람은 원하는 것을 모두 가질 수 있는데다 멋진 만남도 가질 수 있으며 세련된 감각의 고급 저택이나 초고층 아파트에 살면서 쾌적한 나날을 보내기에 마음이 여유롭고 감정은 풍요롭습니다. 부유한 사람의 인생에는 마치 한계가 없는 것처럼 그 가능성과 행복감도 무한대로 확대되어 가지요.

　그러나 가난한 사람의 인생은 대체로 부유한 사람과는 정반대의 궤적을 그립니다.

결국 둘의 차이는 더욱 벌어져가기만 합니다. 단 하나의 공통점조차 없는 것처럼요.

부유한 사람도 가난한 사람도 똑같이 이 세상에서 살아갑니다. 동일한 공간에서 동일한 법칙성에 따라 살아가는 것이지요. 그 법칙이란 무엇일까요? 현실은 항상 자기 자신의 생각이 실현되는 형식으로 나타난다는 법칙입니다.

스스로 가난해지고 싶다고 생각하는 사람이 어디 있느냐며 반론하고 싶으시겠지요? 그렇다면 묻겠습니다.

'내게는 이렇다 할 재능이 없어. 부모님도 부자가 아니야. 그런 내가 부자가 될 리 없잖아.'

이렇게 생각한 적은 없습니까? 이런 생각을 품고 있는 이상, 인생이 풍요로워질 리 없습니다. 꿈꾸는 모습 그대로의 당신이 될 수 없으며, 더더욱이 부자가 될 가능성은 더욱 없고, 주택담보대출과 아이들 교육비에 쫓기며 일생을 보내게 될 것입니다.

부자가 되고 싶고 풍요로운 인생을 보내고 싶다면, 무엇보다 풍요로운 생각, 풍요로운 꿈, 부유한 인생계획을 대범하고 여유롭게 그리며 살아가야 합니다.

이 세상에는 두 가지 법칙이 있습니다.

하나는 이 세상에서 일어나는 일은 모두 그 사람의 생각이 반영된 것이라는 사실입니다. 즉, 그 사람의 생각이 현실화된 것이 그의 인생이라는 법칙입니다.

또 하나는 예외 없이 누구에게나 무한한 가능성이 주어진다는 법칙입니다. 금전 또한 이 세상에 포함되어 있으므로 이 법칙에 따라 작용하게 되어 있지요. 바라는 것이 돈이라면 돈을 원한다고 생각해야 합니다. 어떤 망설임이나 의심도 하지 말고 돈을 원한다고 진지하게 생각하십시오. 바로 그것이 부자가 되는 첫걸음입니다.

아무리 많이 원해도 허용된다는 무한의 법칙 역시 정확히 돈에 적용됩니다. 돈을 원한다는 마음가짐에 한계를 설정할 필요는 없습니다. 연봉을 1억으로 설정하거나, 조금 더 욕심을 부려서 2억이 된다면 얼마나 좋을까, 라는 생각에 거리낌을 느낄 필요가 없다는 뜻입니다.

10억을 원한다면 연 수입 10억을 바라면 그만입니다.

이 두 가지 법칙을 제대로 작동시키는 데 필요한 것이 바로 '배움' 입니다.

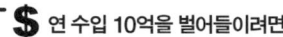

$ 연 수입 10억을 벌어들이려면
당신의 인생을 뒤바꿀 수 있는 세상의 법칙을 이해하라!

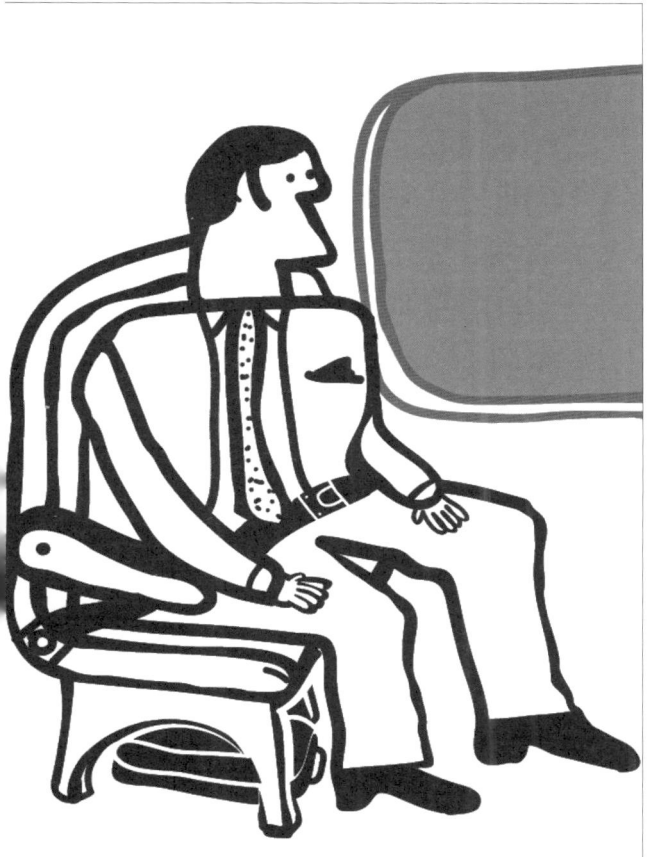

사람은
자신이 생각한
그대로의
사람이 된다.

얼 나이팅게일(미국 철학자, 1921~1990)

Millionaire's guide to Learning,
Earning, and Getting rich

02 배웠으면 돈을 벌고, 익혔으면 성과를 내라!

철이 채 들기도 전에 '공부'를 시작해서 입시니 자격증 취득이니 등으로 이제까지 공부에 상당한 시간과 에너지를 쏟아 부었다는 분이 많을 겁니다. 더구나 '공부법'이라는 제목이 붙은 책 혹은 지금 이 책을 펼쳐 보고 있는 분들은 사회인이 되어서도 끊임없이 무언가를 배워왔고, 배움에 대한 의지 또한 강하리라 생각됩니다.

하지만 배움을 지속해 왔어도 자신이 바라는 결과에는 쉽사리 도달하지 못하는 것이 현실입니다.

한 사례를 들자면, 지인 중에 어느 금융종사자는 파이낸셜 플래너 자격을 취득했고 그 결과 고객의 자산관리상담사가 되었다고 합니다. 물론 수입도 올라갔지요. 하지만 그 인상 폭은 한 달에 20만 원 정도에 불과했고 결코 만족할 만한 금액이라 할 수 없었습니다.

사회인이 하는 공부라고 하면 누구나 자격증 취득이나 어학 공부를 떠올리게 됩니다. 그런 공부에도 큰 가치가 있는 것이 사실이지요. 그렇지만 자격증만으로 물적으로나 심적으로 풍요로운 생활을 얻을 수 있을까요? 전적으로 그건 어렵다고 생각합니다. 최근에는 변호사나 의사처럼 부유한 이미지가 있는 자격을 얻었다 해도 예전처럼 반드시 풍요로운 삶이 보장된다고는 할 수 없습니다.

이렇게 단언하는 이유는 저 자신이 치과의사이기 때문입니다. 예전에는 치과의사라고 하면 부자가 될 수 있는 직업의 하나로 인식되었습니다. 하지만 최근에는 경쟁이 극심한데다가 치과 의료가 고도화되면서 고액의 기계를 도입해야 하는 부담을 안고 있기에 속사정은 무척 힘든 곳이 적지 않은 실정입니다.

그런 상황에서도 계획대로 일을 확장하고 있으며 수입도 만족할 만큼 거둬들이고 있습니다. 그것이 가능했던 최대의 이유는 바로 '배움'에 있다고 확신합니다.

생업을 가진 사회인이 없는 시간을 쪼개가며 공부하고 책을 읽는 이유는 무엇입니까? 인생의 의미를 찾기 위한 것도 있겠지만, 솔직히는 공부를 통해 자신의 인생을 업그레이드시키고자 하는 기대가 있을 것입니다. 그런 의미에서 바쁜 사회인의 공부는 부(富)로 이어지지 않으면 결국 공허한 것이 될 수밖에 없습니다. 배웠으면 돈을 벌고, 익혔으면 성과를 낼 차례입니다. 그 열쇠는 바로 지금부터 여러분에게 설명할 '배움'의 기술에 있습니다.

$ 연 수입 10억을 벌어들이려면
왜 공부하는가에 관한 솔직한 답을 생각해보라.

03 어디서부터 시작할지 모르겠다면

"지금보다 더 높은 자리에 오르고 싶습니다. 무슨 공부를 해야 할까요?"

세미나에 참석하면 어김없이 이런 질문을 받곤 합니다. 솔직한 마음으로는 "사람마다 제각기 다르지요", "그건 스스로 결정해야 합니다"라고 말하고 싶지만, 그런 대답은 도움이 되지 않을 것을 뻔히 알기에 곤혹스럽습니다.

남들이 주목할 만한 성과를 내고, 나아가 돈을 끌어들일 '특별한 공부법'이란 존재하지 않습니다.

어떤 분야든 그 분야의 최상층에 올라가면 풍요가 따라오게 됩니다. 다시 말해 무슨 공부를 하더라도 열과 성을 다해서 지속적으로 배워나간다면 그 길은 자연스럽게 높이 올라가는 방향으로 이어지게 될 것입니다.

'배움'은 지금 자신이 하는 일, 구체적으로 말하자면 지금 맡은 업무나 관련 영역의 공부부터 시작하는 것이 가장 타당합니다. 지금 하고 있는 업무는 어느 정도 숙지하고 있기에 무엇을 배우면 좋을지 윤곽을 잡기 쉬울 것입니다.

저 역시 처음에는 오로지 의사가 지녀야 할 기술력을 높이기 위한 공부에 에너지를 쏟았습니다. 대학에서 6년을 공부하고 나서 대학원에 진학했지요. 의과대학원은 4년 안에 졸업하기가 어려워서 당시에는 7년 정도 걸리는 것이 보통이었습니다. 하지만 '규정이 4년이니까 4년 안에 졸업하자'라는 결심을 굳히고 가열 차게 공부해서 최단 기간인 4년 만에 박사 과정을 수료하고 박사 학위를 거머쥐었습니다.

30대 초반 무렵 개업을 하고 나니 치료기술만으로는 치과 경영이 어렵다는 걸 절감하게 되더군요. 그다음에는 경영에 관한 각종 세미나에 적극적으로 참가했습니다. 경영과 비즈니스는 미국이 본고장이라는 생각에 미국 대학에서 경영학 박사도 받았습니다.

그 후 얼마간은 치과 치료의 최신기술 공부와 경영학 공부에 전력을 다했습니다. 그러던 30대 중반 어느 날, 마치 운명에 이끌리기나 한 것처럼 한 권의 책과 조우했습니다. 그때까지 서점에 가더라도 자기계발 서적 코너에는 발길조차 돌리지 않던 사람이었는데, 어느 날 눈에 보이지 않는 커다란 힘에 이끌리듯 자기계발 분야의 책을 한 권, 손에 집어 들게 된 것이지요. 지금도 어째서 그날 그곳으로 발길이 향했는지 알 수 없습니다.

그렇게 해서 읽은 책이 바로 나폴레온 힐의《놓치고 싶지 않은 나의 꿈 나의 인생 Think and Grow Rich》입니다. 아마도 제 평생 잊지 못할 것입니다. 그 한 편의 독서로 인해 그때까지 제가 해온 공부와는 완전히 다른 차원의 배움의 길에 들어서게 되었으니까요. 그날부터 진정한 인생의 공부가 시작된 것입니다.

사회적으로 성공한 이들 가운데는 저와 비슷한 배움의 길을 걸어온 분이 많습니다. 처음에는 자기 분야의 능력을 높이는 공부로 시작했다가 점차 어느 한 분야에 한정하지 않고 잠재능력, 즉 인간이라면 누구나 가지고 있는 무한한 힘을 발휘하기 위한 공부로 확장해나가는 것입니다. 이것은 더 나아가 인간에 대한 공부로 이어집니다. 일례로 경영을 배워본 적 없는 컴퓨터 전문가가 기업 대표가 되어 컴퓨터는 물론이고 재정, 인사, 영업 분야의 전문가들을 아우르는 리더십을 발휘하는 일을 본 적이 있을 겁니다. 이는 그가 자기 분야의 공부에 치열했을 뿐 아니라, 인간력 공부에도 전력을 다했다는 증거입니다. 덕분에 높은 자리로 자연히 올라갈 수 있었던 것입니다.

무슨 공부부터 시작할지 모르겠다면 우선 지금 종사하는 분야와 관련된 공부부터 하십시오. 그러나 그 최종점은 '인간을 이해하기 위한 공부'가 되어야 합니다. 어떤 분야의 공부를 한다 해도 마찬가지입니다. 이를 거꾸로 생각하면, 자기 분야를 공부함과 동시에 인간력을 연구함으로써 다른 성공한 사람들이 걸어온 길을 더욱 단축할 수 있다는 뜻이 됩니다.

인간을 이해하는 공부란 자신 외에 타인을 아는 공부이기도 합니다. 사회 각계각층의 저자와 일해 본 어느 경험 많은 편집자의 말에 의하면, 분야를 막론하고 가장 높은 곳에 도달한 사람은 예외 없이 인성이 좋은 사람이라고 합니다. 그는 이렇게 말했습니다.

"인성이 뛰어나지 않은 사람은 정상에 올라갈 수 없는 것인지, 아니면 정상에 올라가는 과정에서 인성이 연마되는 것인지 모르겠습니다. 아마도 양쪽 모두겠지요?"

그의 말에 저도 동감합니다.

어떤 길이든 마지막에는 자기 자신을 포함한 인간이란 존재와 그 힘을 이해하고, 인성을 높이는 배움으로 이어지게 됩니다. 저 역시 어느 순간부터인가 이러한 공부를 배움의 중심으로 삼게 되었습니다.

$ 연 수입 10억을 벌어들이려면
인간이란 존재와 그 안에 내재된 힘을 공부하라!

04 부를 끌어당기는 배움을 위한 첫걸음

인간력을 높이는 공부는 제 인생에 실로 큰 변화를 가져왔습니다. 이전까지는 공부가 힘에 부쳤던 것이 사실입니다. 하루가 다르게 진보하는 기술이며, 배워본 적 없는 경영이나 재무까지 공부하다 보니 지식과 학위가 늘어나면 만족감과 비례해 피로도 또한 빠르게 쌓였습니다. 언제까지 이런 쳇바퀴 같은 공부를 계속해야 하는가 회의도 들었지요. 그러던 중 앞서 언급한 나폴레온 힐의 책을 만났습니다.

《놓치고 싶지 않은 나의 꿈 나의 인생》에 푹 빠져들어 다 읽고 나자 자연스럽게 도쿄에서 열리는 나폴레온 힐 세미나에 참가 신청을 하게 되더군요. 그전에도 수많은 세미나 학회에 참석했었지만, 그와는 달리 의무감이 아니라 자연스럽게 참석해보고 싶다는 마음이 들었습니다. 그때부터 지금까지 얼마나 많은 프로그램에 참가했는지 도저히 셀 수 없을 정도입니다. 지그 지글러 프로그램, 데일 카네기 휴먼 모티베이션 프로그램, 맥스웰 몰츠 프로그램, 브라이언 트레이시 경영 프로그램, 조셉 머피 골든 프로그램…….

연이어 자기계발 분야 세미나에 참석했고 그와 동시에 눈에 띄는 자료나 교재를 계속 사들였습니다. 사막에 아무리 많은 물을 뿌려도 순식간에 흡수되어 버리듯, 아무리 배우고 읽으며 더 많은 강연을 듣는다 해도 만족하지 못하고 배움을 지속하는 상태였습니다. 이렇게 매일, 몇 년간 '배움'을 지속하다가 결국 배움의 진수에 도달할 수 있었던 겁니다.

기술이나 노하우를 공부하는 것은 배움의 지엽적인 부분이라 할 수 있습니다. 물론 그것이 무의미한 것은 아닙니다. 하지만 그것만으로 성과를 끌어올릴 수는 없지요. '배움으로 성과를 끌어올린다'고 할 때, 과연 성과란 무엇일까요? 이전보다 더 많은 돈을 벌게 되는 것이 가장 이해하기 쉬운 지표일 겁니다.

성과를 원한다면, 그리고 돈을 벌고 싶다면 의식을 바꾸는 배움을 지속해야 합니다. 잠재능력 계발을 위한 다양한 세미나는 의식 변화의 중요성을 일깨워주었습니다. 그것이 배움의 근본 원칙입니다.

그때까지의 저와 그 이후의 제 모습은 겉으로 보기에는 큰 차이가 없었을 겁니다. 이전에도 제가 사는 홋카이도를 벗어나 도쿄나 해외로 자주 나갔었고 치과 기술 공부나 경영학 공부에 상당한 에너지와 시간을 쏟아 부었으니까요. 자기계발 분야 세미나에 참석하는 제 모습이 그전과 별반 차이 없어 보이는 것도 당연합니다. 그렇지만 저는 그전과는 본질적으로 달라졌고 자기변혁을 이루었습니다.

$ 연 수입 10억을 벌어들이려면
자기계발 고전들을 읽어라, 의식변화의 필요성을 절감하라!

05 의식을 통째로 변화시켜라!

처음으로 참석했던 나폴레온 힐 세미나는 충격적이었습니다. 그전까지 열심히 참석했던 경영학 세미나에서는 보다 현실적이고 바로 다음날부터 도움이 되는 지식이나 노하우를 배웠지만, 그 세미나는 달랐습니다. '의식을 바꾸는 일', '강하게 의식하는 일'이 얼마나 중요한지를 배웠습니다.

더욱 충격적이었던 것은 그곳에서 만나게 된 사람들이었습니다. 예전 경영학 세미나에서 만났던 사람들과 근본적으로 달랐습니다. 다시 말해, 의식이 완전히 달랐던 겁니다.

각자 하는 일의 영역은 달랐지만 그들이 가지고 있는 분위기에는 공통점이 있었습니다. 무슨 일에나 의욕적이고 실행력이 강하다는 사실이었지요. 세미나 첫날부터 처음 만난 사람들과 열심히 대화를 나누었습니다. 화제 또한 자주 거론되는 세상살이에 대한 이야기나 흔해 빠진 사교적 대화가 아니라, 세미나에서 배운 것을 어떻게 행동으로 옮길 것인지, 어떻게 활용할 것인지에 대한 내용이 대부분이었습니다.

이러한 열기가 회의장을 가득 채우고 있었습니다. 그리고 저도 모르게 그 에너지에 빨려 들어가 마치 예전부터 알고 지낸 사이처럼 열심히 대화에 참여했던 것입니다. 그날 단 하루 만에 제 의식은 저 밑바닥에서부터 변화했습니다.

의식이 바뀌면 행동이 바뀌게 됩니다. 그날부터 더욱 공부에 매진하게 되었고, 그 결과 눈에 띄게 결실을 이루어가고 있음을 실감합니다.

최근에는 인터넷으로 공부할 기회가 많아지고 있습니다. 하지만 처음으로 배움을 시작할 때는 반드시 회의장에 직접 가서, 강사가 강연을 하고 그 이야기를 들으러 오는 사람이 있는, 실제 세미나에 참석하기를 권합니다. 이미 의식이 바뀐 사람과 공간을 공유하고 분위기에 동조하다 보면, 자신의 의식 또한 순식간에 그 사람들의 수준으로 끌어올려 지기 때문입니다.

의식이 변화하면, 자연히 행동도 변화합니다. 행동이 변화하면 현실도 변화합니다.

패배감에 가득 찬 사람이 높은 실행력으로 성과를 내는 하이퍼포머가 될 수 있을까요? 어려울 것입니다. 마찬가지로 '나는 능력이 없어', '난 운이 없어서 안 돼'라고 생각하는 사람의 잠재능력이 발휘되어 기대 이상의 성과를 내고 보상을 받을 가능성은 거의 없습니다. 그러나 '난 할 수 없어'에서 '나라고 못할 게 뭐야', '내 안에는 무한한 능력이 잠재돼 있어'라고 생각을 바꾸는 순간 자신도 모르게 자신감이 생기고, 적극적으로 행동한 결과물이 현실로 나타나게 됩니다. 의식을 통째로 변화시키면 이러한 효과를 증폭시켜 인생을 완전히 바꾸는 결과를 얻을 수 있습니다.

$ 연 수입 10억을 벌어들이려면
더 나은 당신으로, 내면의식을 진화시켜라!

그 사람의 사고를
알고 싶을 때는
그의 행동을
보기로 했다.

존 로크(영국 철학자, 1632~1704)

Millionaire's guide to Learning,
Earning, and Getting rich

06 부의 선순환을 일으키는 진정한 배움이란

　세미나에 참석한 그 순간, 제 의식은 완전히 변했습니다. 그전까지의 배움은 치과의사로서 기술을 익히고 경영자로서 지식과 경영수법을 연마하며 오로지 병원이 잘되는 것을 목표로 한 것이었습니다. 사회인이 된 후에도 끊임없이 공부하는 대부분 사람들이 으레 그렇듯, 지식을 늘리고 기술을 연마했습니다. 그것이 공부이고 배움이라고 믿었던 겁니다.

　오해가 없도록 미리 밝혀두지만, 그 당시에도 돈을 더 벌어야겠다거나 채산성을 높여야겠다는 금전적인 것을 목표로 할 생각은 전혀 없었습니다.

　개업할 때 약간의 대출이 있었지만 순조롭게 갚아가고 있었고 경영에는 전혀 문제가 없었습니다. 개업한 이상 안정적으로 경영하고 싶고 보다 더 발전하고 싶다는, 경영자라면 누구나 가질 수 있는 당연한 비전을 꿈꾸었고 그 비전을 달성하기 위해서는 경영공부가 필수라고 믿었습니다.

하지만 자기계발 공부를 시작하면서 그런 생각보다는 자신의 인간성을 고취시키고 직원들의 인성도 높이고 싶다는 욕구가 더욱 커졌습니다. 특히 치과 의료를 통해서 다른 사람에게 도움을 주고 사회에 공헌하고 싶다는 의욕이 점점 강해졌습니다.

이렇게 제 내면이 변화하니, 병원의 모습도 질적으로 바뀌기 시작했습니다. 치과 치료를 한다는 사실에는 변함이 없지만 '이 병원에 오면 어쩐지 행복한 기분이 든다' '의사선생님과 직원을 만나는 게 즐겁다' 는 이야기를 해주는 환자분들이 늘어나게 된 것입니다.

앞서도 말씀드린 것처럼 제 병원은 홋카이도 오비히로에 있습니다. 지방의 일개 치과에 불과한데도 전국 각지에서, 그리고 해외에서도 먼 길을 마다치 않고 찾아주시는 환자분이 적지 않습니다. 흔한 일은 아닙니다. 게다가 병원경영이 어려운 요즘 세태에도 수입은 계속 늘어나고 있습니다.

저는 이 모든 것이 잠재능력, 그리고 더 나아가 인성까지를 포함한 인간력을 높이는 배움을 시작한 덕분이라고 확신합니다. 저 자신의 의식이 변하자 직원들의 의식도 근본적으로 변화했습니다. 단순히 유지에 급급하던 데서 눈을 돌려 비전을 확 바꾸자 병원에 질적인 변화가 일어났고, 바라는 대로 성과를 올리는 선순환 구조가 형성되었습니다. 그 선순환은 현재 더 큰 규모로 성장하여 지속되고 있습니다.

  삶에 질적인 변화를 일으키고 싶다면 먼저 의식을 바꾸십시오. 내면의식을 바꾸는 배움의 길은 인간력 공부에 있습니다. 의식 변화가 인생의 새로운 비전을 만들고, 당신이 그 비전을 위해 행동하는 순간 성과를 만드는 배움의 선순환이 비로소 시작될 것입니다.

> **$ 연 수입 10억을 벌어들이려면**
> 의식 → 비전 → 행동 변화를 통해 부의 선순환을 이루어라.

07 머리가 아닌, 마음의 공부가 필요하다

바라던 일이 마치 과일나무에 열매가 열리듯 자연스럽게 이루어지는 체험을 해본 적이 있습니까? 저는 그러한 경험을 몇 번이나 해보았습니다. 그러면서도 그저 '난 정말 운이 좋은 사람이야'라고만 생각했지요. 점 보는 사람에게 '좀처럼 보기 드물게 좋은 운을 타고 태어났다'는 말을 들었던 기억이 남아 있어서인지, 단순히 그렇게만 믿었습니다. 소위 말하는 '운'이란 것이 다름 아닌 저의 의식과 생각이 현실화된 결과라고는 생각도 못 했던 것입니다.

이를 깨닫게 해준 것은 조셉 머피입니다. 그를 처음 접한 것은 자기계발 공부를 지속해서 거듭하던 때로, 머피는 제게 있어 '배움'의 근원이 될 수 있는 가르침을 준 위대한 스승입니다.

사람의 의식은 이중구조로 되어 있어서 우리가 일반적으로 '의식'이라고 느끼는 것은 밖으로 드러나는 '현재의식'입니다. 그리고 또 한 가지, 사람이 그 존재를 느낄 수 없는 '잠재의식'이 있습니다. 이 사실을 발견한 것은 정신분석학자 프로이트인데, 인류 역사상 최대의 발견이라는 평가를 받고 있습니다.

조셉 머피는 잠재의식이 작용할 때 어떤 법칙성이 있다는 사실을 알아냈고, 그 활용방식을 가르친 사람입니다.

그는 약 100년 전에 미국에서 태어난 교회 목사로서 많은 사람과 상담하다가 고뇌를 해결하거나 소망을 달성하는 데에는 어떤 원리가 작동하고 있다는 사실을 알아냈습니다. 즉, 어떤 생각이라 해도 그것이 정녕 진심을 다한 것이라면 잠재의식은 그 생각을 반드시 실현시켜준다는 사실입니다.

모든 해답이 바로 여기에 있습니다. '당신은 잠재의식의 무한한 힘을 활용할 수 있는 사람인가, 아닌가?'

잠재의식에 관한 내용은 졸저 《내 인생에 기적을 불러일으키는 머피 100가지의 말》에 상세하게 기술하였으니 참고해주시기 바랍니다.

우주는 무한한 가능성으로 가득 차 있습니다. 이러한 가능성의 장을 해명한 것은 양자역학입니다. 잠재의식은 무한대에 가까운 가능성을 자신의 것으로 만들어서 활용하는 길이라 할 수 있습니다. 저는 그때까지 능력계발이나 의식개혁에 대한 많은 배움을 거듭해온 덕분인지 머피의 세미나를 수강한 순간, 순식간에 잠재의식의 존재를 확신하였고 그 무한한 힘을 믿을 수 있었습니다.

잠재능력의 존재는 아인슈타인조차 인정한 것으로, 잠재의식을 공부하는 일은 결코 얕볼 만한 것이 아닙니다. 더군다나 자신의 잠재력과 존재의 위대함을 깨닫는 배움의 중대함은 이루 말로 다할 수 없습니다.

승자의 공통점을 역설하는 세미나로 유명한 난부 게이지 씨가 성공한 현역 사장들에게 질문을 했다고 합니다. 그중 90% 이상이 머피의 저서를 애독한다고 했고, 반대로 파산한 사장 중에는 머피의 저서를 접해본 적이 없는 사람이 과반수 이상이었다고 하지요. 저 자신도 머피와 조우하면서 그의 가르침에 따라 어떤 경우, 어떤 일을 맞닥뜨리더라도 잠재의식을 활용하게 되었고, 더욱 큰 성공을 이루는 궤도에 올랐음을 실감합니다.

$ 연 수입 10억을 벌어들이려면
당신에게 내재된 무한한 잠재력과 그 위대함을 믿어라!

머리로 사고하지 말고,
존재 전체로
자신의 본질을 느껴라.
바로 그 순간
잠재의식의 존재를
확신할 수 있을
것이다.

조셉 머피(성직자이자 작가, 1898~1981)

Millionaire's guide to Learning,
Earning, and Getting rich

08 당신이 이렇게 사는 데는 다 이유가 있다

"무엇 하나 제 마음대로 되는 일이 없네요. 저는 정말 지지리도 운이 없어요."

정색하며 이런 말을 하는 사람이 적지 않습니다. 당신은 어떻습니까? 일이 잘 안 되면 무심결에 '내가 하는 일이 다 그렇지, 뭐'라고 생각해 버리지 않았습니까? 하지만 이 세상은 자기 생각대로 이루어지게 되어 있습니다. 눈앞의 현실은 모두 다 그 사람의 생각이 실현되어 나타난 것이지요. 즉, 당신의 그런 생각이 바로 일이 안 풀리는 근본원인이란 것입니다.

차차 얘기할 테지만, 우주에는 세 가지 법칙이 있습니다. 그중 하나가 바로 '원인과 결과의 법칙'입니다. 이 세상에 일어나는 모든 일에는 원인이 있으며, 그 원인이 지금의 결과를 만들어냈다는 것입니다.

  그 원인을 만드는 것은 누구일까요? 바로 당신 자신입니다. 어떤 의미에서건 인생은 명백히 그 사람 자신의 것입니다. 당신의 인생이 풀리지 않는 것은 결코 주변 누군가의 탓이 아닙니다. 부모나 상사, 동료, 친구가 당신에게 지대한 영향을 미칠 수는 있겠지요.

  좋은 영향력이라면 받아들여서 내 것으로 삼고, 나쁜 영향력이라면 거기에 휘둘리거나 굴복하지 않고 앞으로 나아가면 됩니다. 선택은 순전히 자신의 몫입니다.

  우리는 타인에게 영향을 줄 수는 있어도 타인의 인생을 바꾸거나 운명을 바꿀 수는 없습니다. 그러나 그것이 자신의 인생이라면, 기적을 일으킬 수도 있습니다. 실제로 저는 생각만으로 기적을 일으켰던 경험을 가지고 있습니다.

  정원을 가꿔보면, 빨간 사루비아 씨앗을 뿌리면 빨간 사루비아가 피어나고, 하얀 코스모스 씨앗을 뿌리면 하얀 코스모스가 피어나는 경험을 하게 됩니다. 정원을 가꾸거나 밭을 일굴 때는 원하는 결과를 가져다줄 씨앗을 뿌리지요. 빨간 꽃을 피우려면 빨간 꽃 씨앗을, 하얀 꽃을 피우려면 하얀 꽃 씨앗을 뿌리는 식으로 말입니다.

  지금 피어있는 꽃, 눈앞의 현실은 다름 아니라 이전에 스스로가 뿌렸던 씨앗에서 나온 것입니다. '원인이 없는 곳에 결과는 없는' 것입니다. 이토록 명백한 사실은 없습니다. 뿌리지 않은 씨앗이 현실로 나타날 수는 없는 일입니다.

'원인과 결과의 법칙'은 모든 것에 들어맞는 진리입니다.

> **$ 연 수입 10억을 벌어들이려면**
> 원하는 결과를 가져다줄 씨앗을 뿌려라.

09 오늘의 현실은 어제의 생각이 만들어낸 결과물이다

　공부를 직업으로 삼는 학자나 연구자가 아니라면, 어른이 되고 난 후에 가장 중요한 배움은 '성공으로 이끌어주는 배움'이라고 할 수 있습니다.

　물론 직업 기술을 연마하거나 최신기술을 익히는 노력을 게을리해서는 안 됩니다. 현대는 초고속성장 시대입니다. 1년 전, 아니 반년 전의 지식은 이미 낡은 것이 되어버렸지요. 어느 분야든 마찬가지입니다. 게다가 글로벌화로 인해 영어로 의사소통하는 것은 거의 당연시되는 능력이 되었습니다.

　앞서 제가 전공 분야와 관련된 공부부터 시작하라고 했지만, 실상 그것은 진정한 의미에서 인생을 변화시킬 만한 '배움'이라 할 수 없습니다. 업무의 전문성을 최신화하는 것, 모국어와 영어 의사소통 능력을 연마하는 것은 일상적으로 요구되는 노력이지 새삼 배움이라고 표현하기 어렵다는 뜻입니다. 어느 정도 단계에 이르렀다면, 그러한 노력은 업무의 일부로 자리매김하는 것이 옳습니다.

세상은 빠르게 변화하고 있습니다. 무한경쟁과 불황으로 인해 누구나 생존을 염려하는 지금, 우리에게 가장 필요한 것은 자신의 가치를 확고하게 상승시킬 수 있는 배움입니다. 그 첫걸음으로 우선, 이 우주가 어떤 법칙에 의해 움직이고 있는지부터 배워봅시다.

우주의 법칙성은 다음과 같습니다.

- 사람은 누구나 무한한 가능성을 가지고 있다.
- 그 무한한 가능성을 이끌어주는 회로는 잠재의식이다.
- 지금의 내 현실은 이제까지의 내 생각이 만들어낸 결과이다.

이 세 가지 법칙을 완벽히 이해하고 자신의 일부로 만들 때까지 계속 배워나가야 합니다.

이 법칙은 보편적으로 널리 적용되므로 살아오면서 자신도 모르게 체험하거나 느낀 적이 있을 겁니다. 배움이란 무심결에 감지한 우주의 법칙을 확실한 지식의 형태로 만들고, 그다음 지식의 차원을 넘어서 체화되도록 하는 데 목적이 있는 것입니다.

배움에 의해 우주의 법칙성을 확실하게 몸에 익히면 이후에는 성공하는 수밖에 다른 길이 없습니다. 즉, 순리에 따라 자연스럽게 성공의 길을 걸어나가게 됩니다.

좀 더 구체적으로 말해볼까요. 일단 업무와 관련된 지식이나 기술, 외국어 등을 학습하는 과정이 전혀 고통스럽지 않게 느껴질 것입니다. 세상의 다양한 면모를 통찰하기 위한 교양, 시사, 최신 동향 등에 관한 정보 습득은 자연스러운 것이 됩니다. 하물며 공부가 즐거워서 못 견디는 경지에까지 이르는데, 이렇게 되면 마치 에스컬레이터를 탄 것처럼 별다른 일을 하지 않아도 나날이 발전하는 자신을 확인할 수 있습니다.

바로 이것이 성공을 위한 배움의 참모습입니다.

머피의 잠재의식 활용이나 '원인과 결과의 법칙'을 배우며 알게 된 사실이 있습니다. 특별히 의식한 것은 아니지만, 저 자신은 어느 정도 우주의 법칙을 따라서 살아왔다는 것입니다. 어려서부터 어떤 일이 잘 안 된다든가 지금 하는 일이 쓸모없이 느껴진다는 식의 부정적인 생각을 품었던 적이 거의 없었습니다. 스스로 성장을 직접 체감하는 그 과정 자체가 좋았기 때문에 어떤 공부를 하든 즐거웠습니다. 자신도 모르는 사이에 튼실한 씨앗을 뿌리고 있었던 거지요. 결국 그것은 최상의 결과로 나타나게 되었습니다.

배움에 의해 우주의 법칙과 잠재의식을 확실하게 알게 된 지금은 노력하는 것이 더욱더 즐겁고 충만하게 느껴집니다. 이 끝없는 충만감은 인간력을 높여주는 배움이 제게 선물해준 최고의 수확이라고 생각합니다.

> **$ 연 수입 10억을 벌어들이려면**
> **에스컬레이터처럼, 저절로 나를 높여주는 공부를 하라!**

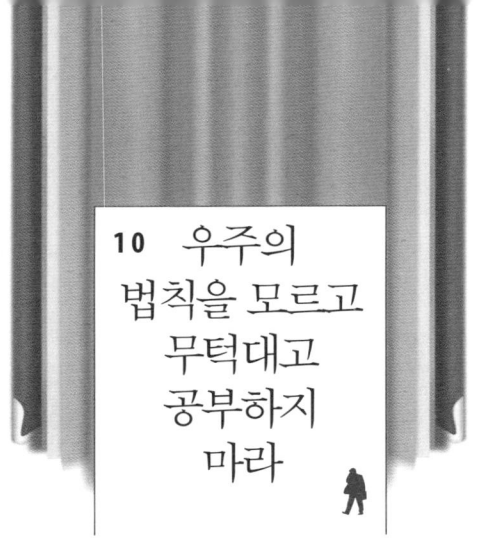

10 우주의 법칙을 모르고 무턱대고 공부하지 마라

 전 세계는 지금 경제적 혼란의 소용돌이에 휘말려 있습니다. 리먼 쇼크 이상의 세계공황이 엄습해온다는 예감도 높아지고 있으며, 한 치 앞을 내다볼 수 없다는 데 불안을 느끼는 사람은 헤아릴 수 없이 많습니다. 전 세계인이 전례를 찾아볼 수 없는 황폐한 정신으로 살아가고 있지요.
 이런 와중에도 제 시선은 항상 한군데에 고정되어 있습니다. 지금보다 더욱 발전해갈 것이고 지금보다 더욱 풍요로워질 미래의 제 모습이 그것입니다. 티끌만큼의 불안감도, 의심도 없습니다.
 이런 이야기를 하면 "선생님은 혜택받으며 자라셨으니까요"라고 말하는 사람이 많습니다. 비교적 좋은 환경에서 태어나 이제까지 금전적으로 심각하게 고민했던 시절이나 돈에 집착할 만한 일이 없었던 건 사실입니다.

그렇지만 성인이 되어 독립한 후 제 삶은 태어난 환경과는 전혀 관계가 없었습니다. 개업 이후의 발전, 경제적인 성공은 저 자신이 이끌어온 것이라 단언할 수 있습니다. 그런가 하면 저와 비슷한 환경에서 자라나 의대를 나오고 개업했지만, 병원 경영이 잘되지 않아 만나기만 하면 신세 한탄이 늘어지는 사람도 종종 만납니다.

여러분도 불편할 것 하나 없는 환경에서 태어나 최고의 대학을 나오고 혜택이란 혜택은 다 받았을 사람이 결국은 영락해서 초라한 인생길을 걷게 되는 사례를 신문기사 등을 통해 본 적이 있을 것입니다.

동일한 시대, 동일한 사회를 살아가는 사람의 인생길이 왜 그렇게 명암이 나뉘게 되는 걸까요? 심지어는 똑같이 공부하고 똑같이 노력했는데도 결과가 완전히 달라지는 이유는 대체 무엇일까요?

우주의 법칙을 배우면 그 명확한 해답을 알 수 있게 됩니다. 그 이유는 다름 아닌 우주의 법칙을 거슬렀기 때문입니다.

우주의 법칙에 맞는 공부법, 사고법을 알고 있으면 바라는바 그대로의 결과를 손에 넣을 수 있습니다. 원하는 결과를 얻지 못하고 있다면 지금 하고 있는 공부법과 사고법이 법칙에 맞지 않는다는 증거입니다. 이유는 그것밖에 없습니다.

다시 한 번 분명히 말씀드리지요. 우주의 법칙성과 잠재의식을 모른 채 무턱대고 공부하는 것은 진실로 위험한 일입니다. 성과가 오르지 않는 것뿐만이 아닙니다. 바라고 있는 방향, 노력하고 있는 방향과는 완전히 정반대의 결과가 도출될 수 있기 때문입니다.

예를 들어 '앞날이 불안해, 장래에 전망이 어두우니 자격증이라도 따놓아야지' 라는 생각에 자격증 취득 공부를 하면 자격증은 딸 수 있을지 모르지만 전망이 밝아지지는 않습니다. 앞날이 불안하다는 생각 그 자체가 어두컴컴한 나날이 계속되는 결과를 낳지요.

잠재의식을 공부한 경험이 있는 사람이라면 그 이유를 아실 겁니다.

잠재의식은 어떤 상황에서도 그 사람이 품은 생각을 그대로 실현시켜줍니다. 공부하는 동안 '장래가 불안해' '전망이 어두워' 라는 생각을 하면 그 생각이 잠재의식에 전달되어 현실화될 수 있습니다.

사람은 누구나 다 무한한 가능성을 가지고 있습니다. 잠재의식은 그 가능성을 열어주는 열쇠입니다.

이것은 모든 사람에게 어김없이 작용하는 우주의 법칙입니다. 하지만 잠재의식의 무한한 가능성은 반대방향으로도 나아갈 수 있습니다. 아무리 좋은 환경에서 태어났더라도, 아무리 노력하더라도 잠재의식에 잘못된 생각을 집어넣으면 그 가능성이 반대방향으로 움직여서 끝없이 추락하게 됩니다.

성공하고 싶다면, 더 나은 미래를 원한다면 머피의 이론을 학습하여 잠재의식을 완벽히 이해할 필요가 있습니다. 그리고 잠재의식의 법칙을 바르게 활용해야 합니다.

> **$ 연 수입 10억을 벌어들이려면**
> **잠재의식의 작용법칙을 확실히 배워라.**

11 풍요로운 인생보다 풍요로운 인간됨을 추구하라

　잠재의식에 좋은 생각, 아름다운 생각을 집어넣으면 좋은 결과를 불러들이게 됩니다. 반대로 잠재의식에 나쁜 생각, 부정적인 생각을 집어넣으면 나쁜 결과를 불러오게 되지요.
　이 세상에 작용하는 법칙과 잠재의식 활용법을 배우면, 이 점을 확실하게 알 수 있습니다. 마찬가지로 이 활용법을 알고 공부하면 이전과는 의식이 달라져서 바라던 대로의 성과, 수확을 향해 나아가게 됩니다.
　돈은 우리 사회에서 하나의 힘입니다. 돈이 전부라고는 할 수 없으나, 많은 문제를 해결해주는 것은 사실입니다. 그러므로 배움의 성과로서 풍요로워지는 것, 더 구체적으로는 높은 연봉을 바라는 건 잘못도 탐욕도 아닙니다.

우주의 법칙에 알맞은 조화로운 방법으로 욕망하면 소망은 반드시 이루어질 수 있습니다. 물론 잠재의식이 작용하고 소망이 현실화되기까지 걸리는 시간은 천차만별입니다. 당장 이루어질 수도 있지만 오랜 시간이 걸리기도 하는 등, 그 시기를 단언할 수는 없습니다. 그러나 언젠가는 반드시 이루어집니다.

지금보다 나은 생활, 높은 수입을 원하는 이들이 종종 간과하는 것이 있습니다. 돈에 끌려다니는 삶이 아니라 돈이 저절로 끌어당겨지는 삶, 어떤 것에도 구애받지 않는 삶을 원한다면 항상 마음을 풍요롭게 유지하고 풍요로움에 의한 기쁨만을 생각해야 한다는 것입니다. 편협함과 조급함을 버리고 스스로 그릇을 키워야 합니다. 그래야 배움이 깨달음으로, 인맥이 인연으로, 노력이 보상으로 돌아오는 선순환을 경험할 수 있습니다.

'풍요로운 인간이 풍요로운 인생을 쌓아올린다'는 말처럼, 인성을 고양시키고 넉넉한 인간이 된다면 풍요로운 인생은 실현됩니다.

> **$ 연 수입 10억을 벌어들이려면**
> 풍요를 희망하고 감사하며, 또한 내적으로도 여유 있는 사람됨을 추구하라.

풍요로운 인생보다
풍요로운 인간이 되십시오.
왜냐하면 풍요로운
인간이야말로
풍요로운 인생을
쌓아올릴 수 있기
때문입니다.

나쓰메 시로(브라이언 트레이시를 일본에 소개한 사업가)

Millionaire's guide to Learning,
Earning, and Getting rich

12 같은 값이면 무조건 세미나에 가라

지금까지 세상을 움직이는 우주의 법칙과 잠재의식의 작용에 관해 설명했습니다. 앞서 말했듯, 그러한 '배움' 없이는 어떤 공부도 성과를 이룰 수 없기 때문입니다. 이를 전제로 이번 장부터는 분야를 막론한 보다 다양한 공부에 관해 이야기해볼까 합니다.

오늘날은 각종 학원은 물론이고 인터넷 강좌, 모바일 교육, 스카이프 같은 화상전화를 이용한 면대면 학습 등등 멀티미디어 시대에 걸맞게 공부 방법도 멀티화 되는 시대입니다.

어떤 공부법이든 모두 장점과 단점을 가지고 있습니다. 결국 어떤 방법을 택할지는 각자의 기호에 달렸지만, 지금까지와는 다른 인생을 추구한다면 우선 세미나에 참석해 볼 것을 권합니다. 이제까지 다양한 방법으로 배움을 이어온 경험에서 나온 저의 확신입니다.

자기계발 세미나만을 말하는 것이 아닙니다. 어떤 분야에 종사하든, 혹은 취미생활이나 평소 관심 있는 분야가 있다면 일단 관련 세미나를 찾아 참석해보십시오.

학원은 인원수가 너무 많아서 개인이 묻혀버리기 쉽고 강사와의 접점도 희박한 경우가 많습니다. 인터넷 강좌나 화상전화는 모두 직접 만나서 하지 않기 때문에 실질적인 접촉이 없고, 직접적인 인간관계는 기대할 수 없습니다.

세미나는 많아야 십여 명인 규모가 대부분이기 때문에 그 정도 규모라면 강사 또는 함께 배우는 사람들 간의 거리도 좁아지고 일체감이 생겨서 순식간에 친해질 수 있습니다.

'인간(人間)'이라는 단어 자체를 보면 결국 사람과 사람 사이라는 뜻이지요. 다시 말해, 인간은 다른 사람과의 관계에 의해 자극받거나 격려받는 존재인 것입니다. 세미나에 가면 진정 다양한 사람들과 만나게 되고 자극을 받게 됩니다.

유학 경험이 있는 부지런한 사람이 있는가 하면, 여직원이라는 말로 몰개성하게 치부되는 현상에서 벗어나고 싶다며 열심히 커리어를 쌓는 40대 여성도 있습니다. 이제 곧 정년을 맞이할 사람들도 만나게 됩니다. 하지만 같은 주제에 흥미를 가지고 동일한 세미나에 참석했다는 점에서는 모두 공통분모를 가지고 있는 것이지요.

  제 경우에는 세미나에서 받은 자극과 정보가 그다음 배움을 이어나갈 때 가장 좋은 좌표가 되어 주었습니다. 또한 각계각층의 다양한 면모를 가진 사람들과 교류하고 그들에게서 삶의 자세를 배움으로써 가치 있는 인간으로서의 행보를 지속할 수 있었습니다.

  지금도 연간 100일 정도는 각종 세미나에 참석했고 있습니다. 어떤 세미나라 할지라도 마음 깊이 오길 잘했다는 만족감을 느끼며 에너지와 동기를 얻어가고는 합니다.

> **$ 연 수입 10억을 벌어들이려면**
>
> 세미나에 참석하라! 사람에게서 얻는 에너지와 자극이야말로 자기 발전의 좋은 촉매제이다.

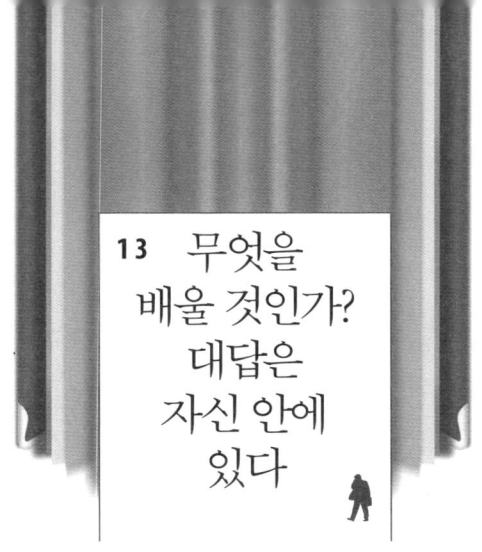

13 무엇을 배울 것인가? 대답은 자신 안에 있다

"어느 세미나에 참석하면 좋을까요?"
"추천해주실 세미나가 있습니까?"

강연을 다니거나 블로그에 배움에 관한 글을 남기는 날이면 어김없이 질문을 많이 받곤 합니다. 이럴 때면 나름대로 추천하고 싶은 세미나에 대해 구체적인 대답을 하는데, 무엇보다 가장 정확한 대답은 "자신의 직감에 따라서 가고 싶은 세미나에 가는 것이 제일 좋습니다"입니다.

경험상 말씀드리건대 교양이든 기술이든, 자격증 공부든 어학 공부든, 종류를 막론하고 적극적으로 공부하다 보면 자기장 같은 파장이 저절로 발달해서 스스로 최상의 '배움'을 끌어당겨 오게 됩니다.

앞서 말한 것처럼 제 '배움'도 처음에는 치과의사로서의 기술을 향상시키고 치과에 관한 최신정보를 접하고 싶다는 생각에서 출발했습니다. '한 번 사는 인생, 실패는 안 할 거야'라는 마음속에는 '성공하고 싶어', '승자가 되고 싶어'라는 강렬한 소망이 깃들어 있었지요.

요즘은 의사라는 이유만으로 풍요로운 생활을 보장받는 그런 시대가 아닙니다. 더구나 치과는 전국적으로 난립 상태라서 어느 곳이나 극심한 경쟁에 시달리고 있습니다.

병원을 개업하고 나면 의사로서뿐만 아니라 경영자가 지녀야 할 능력이 요구됩니다. 그렇지만 의과대학에서는 경영을 배우지 못하지요. 개업 전 병원에서 근무하기도 하지만, 그곳에서도 치료기술을 연마하거나 의사로서 경험을 쌓는 것이지 경영자로서의 업무를 배우는 기회는 전혀 없습니다. 당연히 경영 경험도 없는 상태입니다.

저 또한 마찬가지였습니다. 30대 전반의 목표 중 하나였던 병원 개원을 이루었지만, 이대로 아무 목적의식 없이 경영해나가다간 성공은 고사하고 생존 여부조차 불투명해지리란 위기의식을 느끼게 되었지요.

그래서 의사로서 의학 지식이나 기술 연마에 힘쓰는 한편, 경영자로서의 지식과 발상법을 배워야겠다고 결심했습니다. 경영학을 익히기 위해 국내외 경영 세미나에 계속 참가했던 것은 바로 그런 결심 때문이었습니다.

앞서도 밝혔듯이, 그 이후 저는 미국 박사 과정에 진학했고 경영학 박사 학위도 취득했습니다. 치과학, 경영학 박사 학위 두 가지를 모두 가진 사람은 일본 내에서 분명 저 하나뿐일 겁니다. 전 세계를 통틀어도 흔하지는 않겠지요.

그렇게 경영 공부를 하다가 어느 날 갑자기 자기계발 분야의 배움과 조우하게 된 것입니다.

당시 저는 30대 중반으로, 가족이 교통사고를 당해서 오랫동안 입원해 있었습니다. 평일에는 일에 매달려 있다가 주말에는 편도 세 시간 차를 달려서 가족이 입원한 병원에 다녀오는 그런 나날을 보냈을 때입니다. 어느 날 서점에 들어갔다가 정신을 차려보니 그전까지는 전혀 돌아보지도 않았던 자기계발서 코너 앞에 서 있더군요. 저도 모르게 눈 앞에 있는 책 한 권에 손을 뻗었습니다.

그 책이 바로 자기계발 분야 '배움'과의 만남을 가져다준 《놓치고 싶지 않은 나의 꿈 나의 인생》이었습니다. 그 책에 나폴레온 힐의 세미나 소개가 있었고 그 순간, 오랫동안 제가 찾아 헤맸던 것이 바로 이것이라는 확신을 품게 되었습니다.

그때부터 소위 말하는 성공 철학을 배우게 되었고 지금의 모습에 이르렀습니다.

여러분도 공부하기로 마음먹고 나면 그다음에는 자연스럽게 어떤 공부가 좋을까, 무슨 강좌를 듣고 세미나에 참석해야 할까 고민될 것입니다.

경험이 가르쳐 준 것처럼, 그 대답은 이미 자신 안에 있습니다. 자격증 공부든 어학 공부든, 열심히 배워나가다 보면 점차 그 강도가 단련되어갈 겁니다.

조금씩 공부하며 실력이 늘면 관심이 그쪽으로 향하게 되고 자연스럽게 관련된 정보를 얻을 수 있습니다. 이전까지는 지나쳐버렸던 잡지나 인터넷 광고, 참석했던 세미나 주최자에게서 오는 메일 등 강좌나 세미나에 관한 정보는 얼마든 입수할 수 있습니다.

그중에서 어느 것을 선택하면 좋을까요? 진정한 관심을 가지면 분명 스스로 대답을 찾을 수 있을 것입니다.

제 경험으로는 다양한 강좌나 세미나 정보를 확보해 놓으면, 반드시 그 가운데 다른 어떤 것들보다 강하게 마음을 잡아끄는 한두 가지가 존재하곤 했습니다. 잠재의식의 작용에는 자신이 원하는 것을 끌어당겨주는 인력의 법칙이 있습니다. 같은 방향성, 같은 수준의 에너지가 서로 조화롭게 어우러져서 일어나는 현상일 것입니다.

언제나 배움에 대한 마음을 놓지 않고 호기심을 충만하게 가지고 있으면, 점차 그 마음이 축적되어 결국 한계치를 넘어서게 됩니다. 그 순간, 자신에게 진정 필요한 것이 끌어당겨지게 되어 있습니다. 실제로 그런 느낌이 강하게 듭니다.

수많은 정보 가운데 어쩐지 마음이 이끌리는 책이나 강좌, 세미나가 있다면 그것이야말로 당신이 잠재적으로 바라고 있던 것, 또는 바라던 것과 연결된 그 어떤 것임을 알아차리십시오.

가장 좋은 대답은 항상 자신 안에 있습니다.

> **$ 연 수입 10억을 벌어들이려면**
> **최적의 답은 이미 당신의 잠재의식 안에 존재한다.**

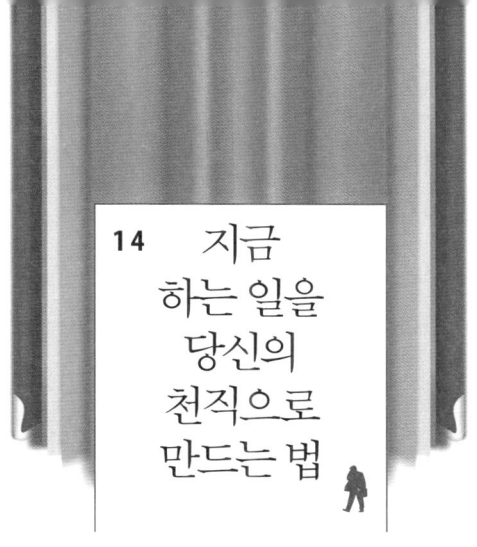

14 지금 하는 일을 당신의 천직으로 만드는 법

 연 수입 10억을 목표로 세울 때 어떤 직업을 가지고 있는가는 큰 문제가 되지 않습니다. 중요한 것은 어떤 생각으로 그 일을 하고 있는가입니다. '이게 바로 내 천직이야'라고 확신할 만큼 지금 하고 있는 일을 좋아하며 빠져들어 있는지 아닌지, 그 점이 다른 무엇보다 중요합니다.

 힘든 구직활동 끝에 간신히 취직되었기 때문에 지금의 일을 하고 있을 뿐 천직과는 거리가 멀다고 생각한다면, 아무리 공부하고 노력한들 약간의 기술을 연마하는 수준에 그칩니다. 수입이 조금씩 올라갈 수는 있겠지요. 그러나 거기까지입니다. 무엇보다 천직을 가지는 것이 중요합니다.

 "이제 와서 전직이라니 무리예요. 지금 일을 그만두면 취직자리조차 찾기 어려울 걸요."

천직을 가져야 한다고 하면, 많은 이들이 자포자기하며 이렇게 말합니다. 저는 반문하고 싶습니다.

"그렇다면 지금 하고 있는 일을 천직으로 삼으면 되지 않을까?"

제가 치과의사를 천직이라 생각하게 된 건 치과의사가 되고 난 이후의 일입니다. 처음부터 치과의사가 천직이라는 생각으로 치의대에 들어간 것이 아니라, 눈앞에 있는 몇 가지의 가능성을 이리저리 재보면서 여러모로 고민한 끝에 선택한 진로였습니다. 언제부터 천직이라고 느끼게 되었는지 정확하지는 않지만, 분명 자신도 모르게 공부에 빠져들었던 시기부터였던 것 같습니다.

'내가 선택한 길이니까.' 처음에는 이런 마음가짐으로 누구에게도 지지 않을 만큼 열심히 공부했습니다. 그러는 동안 다른 사람에게 봉사할 수 있는 의료 세계에 점점 더 빠져들었고, 어느덧 치과의사를 천직이라고 생각하게 되었습니다. 이런 경험에서 천직은 누군가에게 선물처럼 주어지는 것이 아니라, 스스로 만들어나가는 것이라 생각합니다. 지금 하고 있는 일을 천직으로 키워나가면 되는 것입니다.

영업일을 한다면 그 무엇보다도 먼저 영업에 필요한 기술이나 마음가짐을 철저하게 공부해야 합니다. 서비스업이라면 디즈니랜드의 서비스 마인드나 리츠 칼튼의 경영 이념같은 것을 내 것으로 삼기 위해 연구해야 한다는 말이지요. 공부하려는 마음만 있다면 배울 기회나 교재는 무궁무진합니다.

자신이 맡은 직무의 세계가 얼마나 큰 깊이를 가졌는지 알면 계속 그 길을 탐색해보고 싶어집니다. 일단 시작해 보십시오. 미지의 영역에 발 들여놓으면 상상하기 어려울 만큼 굉장한 흡인력에 이끌려 그 분야의 공부에 빠져들게 될 테니까요.

지금 하고 있는 일을 당신의 천직으로 만드는 것, 그 또한 배움의 효과입니다.

> **$ 연 수입 10억을 벌어들이려면**
> 공부에 미치면 당신의 일은 곧 천직이 된다.

멋진 일을 해내려면
자신이 하고 있는 일을
좋아해야만 한다.
아직 그런 일을
발견하지 못했다면
계속 찾아나서야 한다.

스티브 잡스(미국 사업가, 1955~2011)

Millionaire's guide to Learning,
Earning, and Getting rich

15 괴로운 일은 노력할 필요가 없다

홋카이도와 도쿄 사이를 하루 만에 왕복하면서 일 년에 100일 이상은 세미나에 참석하고 언제나 이어폰을 끼고 학습 교재를 청취하는 것이 일상의 제 모습입니다. 저를 보고 "선생님처럼 노력하는 사람은 없을 거예요"라는 사람들이 있지요. 이런 말을 들을 때면 약간의 위화감과 저항감을 느끼곤 합니다.

대개 노력한다는 말을 듣는 사람들은 한눈에 봐도 정말 열심히 하는 것이 느껴질 정도입니다. 이런 노력에는 '사실 놀고 싶은데 공부해야 하니까 하는 거야', '이만큼 노력했으니 인정받겠지'라는 마음이 어느 정도 포함돼 있지 않을까요?

앞에서도 말했지만, 절대 잠재의식에 나쁜 요소를 넣어서는 안 됩니다.

이를 악물고 노력한다거나 하고 싶은 일을 참으면서 하는 노력은 자신의 속마음을 배신하는 것이기 때문에 결실을 맺지 못할뿐더러 의도와는 정반대의 결과를 초래할 수 있습니다. 따라서 괴로운 노력, 힘든 노력은 하지 않는 것이 좋습니다. 아니, 해서는 안 됩니다!

제가 공부를 지속하는 이유는 단 한 가지, 배우는 것이 좋고 즐겁기 때문입니다. 공부하는 순간이 가장 행복하며, 마음 저 깊숙한 곳에서부터 충족감이 올라옵니다.

저는 이를 악물고 하는 등의 괴로운 노력은 절대 하지 않습니다. 하고 싶은 일을 참아가며 공부하지도 않습니다. 흔히 말하는 '노력'과는 차이가 있지요. '하고 싶으니까 공부한다', '즐거우니까 더 열심히 배운다'고 생각하므로 괴로운 걸 참을 필요도, 슬럼프 따위를 이겨낼 필요도 없습니다.

이제까지 상당한 시간을 공부에 쏟아 부었지만 하고 싶지 않은 공부는 단 한 번도 해본 적이 없습니다. 세미나 수강 하나가 끝나면 '다음에는 저 프로그램을 공부해봐야지, 그게 끝나면 다음은 저것……' 이라는 식으로, 거의 중단 없이 연속적으로 공부했던 시기도 있었습니다. 지금 돌이켜봐도 그때만큼 충실한 시간을 보냈던 적은 없었지요. 괴롭기는커녕 즐거움에 몸서리를 쳤으니까요!

홋카이도와 도쿄를 오가는 원거리 참석임에도 불구하고 모든 세미나에 빠짐없이 다닐 수 있었던 것은 배움 자체가 너무 즐거워서 견딜 수 없었기 때문입니다.

　배우는 그 시간만큼은 깊은 충만감, 나 자신이 점점 더 높아지고 있다는 고양감이 가득 차올랐습니다. 완벽하리만치 큰 만족감이 내면을 채워주었기 때문에 배움 그 자체가 꾸준히 잠재의식에 각인되어갔을 겁니다.

　자신에게 질문을 던져 보십시오. '어떻게 되고 싶은가? 무엇을 하고 싶은가?' 이 두 가지 질문에 솔직하게 답하고 행동하면, 내면 깊은 데서부터 기쁨을 느낄 수 있기에 힘들지도 고통스럽지도 않습니다.

　이처럼 즐겁고 충실한 '배움'만이 성공과 승리를 가져다주며 바라던 결과를 실현해줄 수 있습니다.

$ 연 수입 10억을 벌어들이려면
괴로운 공부는 아예 하지 않는 것이 낫다!

Millionaire's guide to Learning,
Earning, and Getting rich

2
도무지
공부할
시간이 없다는
당신에게

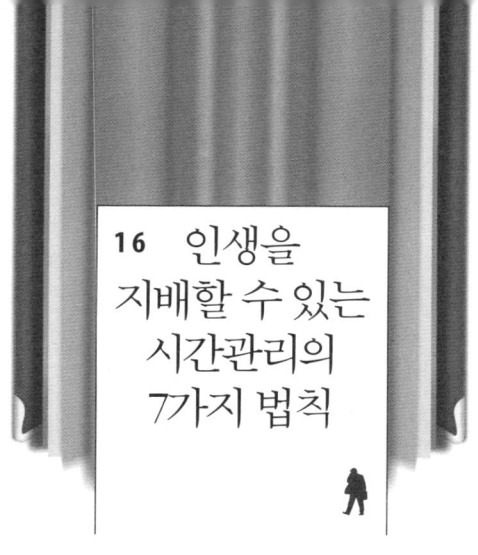

16 인생을 지배할 수 있는 시간관리의 7가지 법칙

"시간을 지배하는 자가 인생을 지배한다"라는 말이 있습니다. 시간을 효율적으로 짜임새 있게 쓰는 사람은 평상시에도 관념이 철저해서 시간이 없다는 둥 부족하다는 둥의 말을 하지 않습니다.

그런 사람은 평소의 사소한 행동에서도 시간에 대한 관념이 저절로 표출되곤 합니다. 일 분 일 초도 헛되이 쓰지 않지만, 그렇다고 팍팍하게 사는 것은 더욱 아니며 오히려 여유가 느껴집니다. 시간관리가 탁월해서 주어진 시간을 완벽히 활용하기 때문이지요.

다음의 일곱 가지 법칙을 지킨다면 여러분도 '시간관리' 기술을 향상할 수 있습니다.

- 😀 우선순위를 정한다.
- 😀 새로운 일을 시작할 때는 지금 하고 있는 일의 일부를 덜어낸다.
- 😀 불가능한 일, 잘 못하는 일은 무리하지 않는다.
- 😀 하고 싶은 일만을 한다. 정말 하고 싶지 않은 일은 거절한다.
- 😀 일에 매달릴 때는 진지한 태도로 집중한다.
- 😀 틈새 시간을 헛되이 보내지 않는다. 아무리 사소한 시간이라도 활용한다.
- 😀 항상 진심을 다해 살아간다. 내일은 없다는 마음가짐으로 임한다.

 이상의 법칙을 하나씩 살펴봅시다.
 첫째, 우선순위를 정해야 합니다. 현재 제게 가장 중요한 것은 일과 배움입니다. 언제나 일과 배움을 우선순위의 가장 첫 번째 순서에 자리매김하지요. 어떤 판단을 내리든 이 우선순위가 기준이기 때문에 망설임이 생기지 않습니다.
 일례로 도쿄 세미나에서 알게 된 사람에게서 이런 연락이 왔다고 해봅시다.
 "내일모레 도쿄에서 회원에 한해서만 아주 기가 막힌 세미나가 열립니다. 전부터 초대하려 했는데 업무상 외국에 나가 있던 바람에 연락할 타이밍을 놓쳐 버렸지 뭡니까. 꼭 참석해주셨으면 합니다. 강력히 추천할 만한 세미나거든요."

이럴 때는 지체 없이 즉각 대답합니다.

"초대해주셔서 감사합니다. 반드시 참석하겠습니다."

다음 날은 무척 바빠집니다. 모레 일정에 맞추어서 일을 다 처리해야 하니까요. 벌써 대답해놓았으니 도저히 무리라든가 끝내지 못하면 어쩌나 걱정하고 있을 여유가 없습니다.

상황이 그렇게 되면 하루 만에 이틀 치의 업무를 정확히 소화할 수 있습니다. 실제로 이런 식으로 대처한 결과, 다음 일정에 지장을 준 적은 단 한 번도 없습니다. 물론 모레 일정 가운데 누군가와 만날 약속이 있는 경우에는 상대방의 양해를 구해 연기해야만 합니다. 하지만 사전에 연락을 취한다면 대부분의 약속은 뒤로 미룰 수 있지요.

하루는 정신없이 바쁠지 몰라도, 그다음 날은 상쾌한 기분으로 도쿄에서 세미나를 들을 수 있습니다.

망설임 없이 대답하면 초대해준 상대방에게도 무척 좋은 인상을 남길 수 있습니다. 무엇보다 나 자신의 학습동기가 높아지기 때문에 잠재의식이 왕성하게 작용해서 세미나 내용을 남김없이 뇌세포에 입력할 수 있다는 게 가장 큰 장점입니다. 돌아오는 길에는 십중팔구 '오기를 잘했어'라는 큰 만족감을 느끼게 될 것입니다.

우선순위는 인생의 단계에 따라 달라집니다. 30대에는 업무와 관련된 공부에서 인간력을 높이는 배움으로 중심축을 이동시키고, 40대에는 인간력을 높이는 배움을 최우선순위에 놓아야 합니다.

배움을 지속하는 동안 우선순위가 바뀌는 경우도 있을 겁니다. 제 경우를 예로 들자면, 최근 들어 배우는 것보다도 세미나 강사 또는 강연회 연사로서 다른 사람을 가르칠 기회가 많아졌습니다. 다른 사람을 가르치는 것이 가장 큰 공부라고들 하는데 그 사실을 실감하고 있지요. 그런 의미에서 요즘은 출강 의뢰가 들어오면 이것을 가장 우선순위에 두려고 노력합니다. 우선순위의 변화는 일과 배움이 진화한 결과라고 할 수 있습니다.

어떻게 행동할 것인지, 무엇부터 할 것인지 우선순위를 정해놓고 매사 우선순위에 따라 선택한다면 하루하루가 최고, 최선의 날이 됩니다.

두 번째 법칙은 새로운 일을 시작할 때는 지금 하고 있는 일의 일부를 덜어내라는 것입니다. 인간의 욕망에는 한계라는 것이 없어서 자신도 모르는 사이에 모든 것을 손에 넣고 싶어지기 마련입니다. 하지만 '두 마리 토끼를 잡으려다 한 마리마저 놓친다'는 말처럼 자신의 욕망을 잘 정리하지 못하는 사람은 결국 모든 것을 잃을 수밖에 없습니다.

바로
오늘이
일 년 중
최고의
날이다.

랄프 에머슨(미국의 사상가, 1803~1882)

Millionaire's guide to Learning,
Earning, and Getting rich

저는 일과 공부에 모든 에너지를 아낌없이 쏟아 붓기 위해 노는 것을 포기했습니다.

저와 비슷한 연배의 대다수는 밤에 술을 마시고 주말에는 골프, 여름과 겨울 휴가철에는 가족과 해외여행을 즐기는 여가를 소중히 여기는 것이 사실입니다. 동료 의사 모임에 참석할 때면 골프 이야기, 가족과 함께 다녀온 중남미 크루즈 여행담이 자주 들립니다.

노는 것을 결코 싫어하지 않는 저로서도 골프 실력을 높이고 싶고, 해외의 예술과 문화를 접하는 시간을 가졌으면 하는 생각이 있습니다. 하지만 이것저것 모두 욕심을 내다 보면 결과적으로 아무것도 이룰 수 없다는 사실을 잘 알기에 일과 공부에 전념하기로 결심했습니다.

노는 시간을 포기했다고 하면 즐겁지 않은 나날을 보내는 것으로 오해받을지 모르지만, 배움이 너무 즐거워서 놀고 싶다는 마음마저 일어나지 않는 상태입니다.

다만, 체력 단련을 좋아해서 최근에는 피트니스센터에서 트레이닝 외에도 필라테스를 하고 있습니다. 혼자서 할 수 있는 운동은 상대방과 시간을 조율할 필요도 없으니 편리하게 시간을 쓸 수 있지요. 시간관리가 용이하다는 것 역시 피트니스와 필라테스에 집중하는 이유입니다.

따로 여가를 즐기지 않아도 이렇듯 즐겁게 살아가고 있어서 몸도 마음도 지극히 건강합니다.

셋째, 불가능한 일이나 잘 못하는 일은 무리하지 않습니다.
어느 지인이 컴퓨터에 문제가 생겨서 이틀을 꼬박 매달려 있었다고 한탄했습니다. 평소 똑똑한 이미지를 가진 사람이 어째서 그런 일에 시간을 허비했는지 이해할 수 없었지만, 정작 본인은 오랜 싸움 끝에 문제를 해결했노라며 희열에 가득 찬 모습이었지요. 그 마음을 살펴서 일단 "힘드셨겠네요. 컴퓨터에 문제가 생기면 아주 피곤하지요"라고는 했지만, 속으로는 '현명한 분인 줄 알았는데…'라는 말을 참아야만 했습니다.

저는 다른 사람이 해줄 수 있는 일은 되도록 아웃소싱을 합니다. 소중한 시간이니만큼 가능한 내가 아니면 안 되는 일에 쓰고 싶기 때문입니다. 컴퓨터 관리는 컴퓨터 시스템 관리회사에 위탁합니다. 문제가 생기면 전화 한 통으로 해결되지요. 논문과 책 원고는 초고를 쓴 다음에 정서(正書)와 입력은 아르바이트나 전문가에게 맡깁니다. 제가 직접 할 수도 있지만, 그 시간을 새로운 과제에 쓰는 것이 더욱 생산적이라 생각합니다.

잘 못하는 일을 애써 잘하려고 초조해하거나 결의에 차서 완수하려는 것은 무의미합니다. 세상에는 그 일을 나보다 잘하는 사람이 많습니다. 잘 못하는 일은 그 일을 잘하는 사람에게 맡기면 되는 것입니다.

아웃소싱하면 그만큼 비용이 발생하는 게 사실입니다. 그렇다고 직접 한다고 해서 그만큼 절약한 셈이 될까요? 언뜻 그렇게 생각될지 모르지만, 그로 인해 소비한 시간은 두 번 다시 되돌릴 수 없습니다. 어떤 것이 더 큰 손실일까요?

'일기일회(一期一會)'라는 말처럼 오늘, 이 순간은 인생에서 단 한 번밖에 돌아오지 않습니다. 시간은 그토록 중요한 것입니다. 그런 시간을 허비하지 않고 해결될 수 있는 일이라면 약간의 비용을 지출하는 것이 오히려 이득입니다. 시간을 돈으로 환산할 수는 없으니까요.

또한 잘 안 되는 약점을 극복하는 것보다는 잘하는 일을 더욱 확장하는 편이 더 큰 성과를 얻을 수 있습니다. 잘 못하는 일에 시간을 들이는 것이 상책은 아닌 거지요.

넷째, 하고 싶은 일만 하고 정말 하고 싶지 않은 일은 거절하십시오.

저는 분명 바쁜 일상을 보내고 있습니다. 그러나 스트레스를 받지 않으며, 바빠서 정신없이 살다가 허망함에 사로잡힌 경험도 없습니다. 그 이유는 언제나 하고 싶은 일만을 하며 살았기 때문일 겁니다.

어떻게 '하고 싶지 않은 일을 하며' 인생을 보낼 수 있는 것인지, 오히려 저는 그 점을 이해할 수가 없습니다.

제 경우에는 앞으로의 인생을 결정하는 시기, 구체적으로는 고등학교에서 대학교로 진학할 때부터 무엇을 하고 싶은지, 어떤 인생을 살고 싶은지를 진지하게 고민했습니다.

치과의사가 되겠다는 선택은 오랜 고민 끝에 내린 결정이었습니다. 부모님이 의사여서 내린 결정은 아니었습니다. 차남이었기 때문에 가업을 잇겠다는 선택지는 고려대상이 아니었지요.

눈앞에 놓여있었던 것은 전혀 새로운 장래였습니다. 자유롭게 자신의 인생을 그려 가면 된다는 표현은 아름답게 들리지만, 실제로는 모든 것이 제로에서 출발하는 셈이었지요.

18년 전에 개업한 병원은 중심지에서 멀리 떨어진 외곽에 있는데도 현재는 치료를 받으러 해외에서 찾아와주는 환자가 있을 정도로 좋은 평판을 얻고 있습니다. 지난번에는 'ISO 09001'과 'ISO 14001'도 취득했습니다.

'ISO 09001'은 제품과 서비스를 창출하는 프로세스, 즉 의료기관의 경우에는 환자의 요구에 높은 만족감을 줄 수 있는 의료서비스를 지속적으로 공급하기 위한 시스템을 갖추고 있는지를 국제적인 등록기관에 심사, 인가를 받는 인증을 말합니다. 'ISO 14001'은 환경 매니지먼트에 관한 규격심사입니다. 조직 활동이 환경에 미치는 영향을 최소한으로 제한하기 위해 만들어진 규격에 적합한지 심사하는 것이지요. 그 인증을 취득했다는 것은 환경을 배려하며 활동하는, 사회적 책임을 완수하는 조직이라는 인정을 받았다는 의미입니다.

　두 가지를 다 취득하는 것은 대기업에서도 전문가의 어드바이스를 받아가며 몇 년간 노력해야 할 정도로 쉽지 않은 일입니다. 우리 병원도 인증을 받기 위해 구상 단계에서부터 실제로 취득할 때까지 10년 이상의 공을 들였습니다. 이 정도 소규모 병원, 더구나 치과에서 두 가지 인증을 모두 받은 곳은 전 세계에서도 드문 경우일 거라 봅니다.

　인증 과정에서는 여러 가지 문서 준비를 비롯하여 방대한 작업이 필요합니다. 특히 실제 심사에 들어갔던 반년 동안은 대단히 힘든 과정이 이어졌습니다. 그에 상응하는 경비도 상당했지요. 하지만 그것이 고통스럽게 느껴지지는 않았습니다. ISO 취득은 어떻게 해서든 '하고 싶은' 일이었기 때문이지요.

　하고 싶은 일이라면 아무리 힘들더라도 즐겁게 노력할 수 있으며 원하던 결과를 얻게 되면 더할 나위 없는 기쁨을 맛볼 수 있습니다. 하고 싶은 일을 하면서 동시에 하고 싶지 않은 일에는 '아니오'라고 말하는 것도 중요합니다.

　저는 치과의사로서 대학관계자가 견학을 올 정도의 수술과 치료를 담당하는 한편, 대학에서 학생을 가르치고 한 해에 몇 권의 책을 쓰면서 상당히 많은 강연회도 소화해내고 있습니다. 그러다 보니 "어떻게 그처럼 많은 일을 할 수 있는 거죠?"라는 질문을 자주 받습니다.

제게도 몸은 단 하나일 뿐입니다. 한 번에 두 군데는 갈 수가 없지요. 사실은 항상 '아니오'라는 말을 달고 다닙니다.

할 수 없는 일, 하고 싶지 않은 일에는 오히려 확실하게 '아니오'라고 말해야 합니다. '아니오'는 거절이 아니라 단순히 선택의 결과를 알려주는 것이므로 결례도 아니고 미안해할 일도 아니라는 생각을 가집시다.

다섯째, 일에 매달릴 때는 진지한 태도로 집중합니다. 성인이 된 이후에도 매일같이 오랜 시간을 공부에 할애하는 사람을 그다지 높이 평가할 수는 없습니다. 공부만 해도 괜찮았던 학생 시절과 달리 사회인이 되고 나면 일을 해야 하는 시간이 늘어납니다. 가족을 위해 시간을 써야 할 때도 있는 법이지요.

그저 많은 시간을 투입하면 해결되는 그런 공부는 성인의 공부법이 아닙니다. 성인의 공부법은 공부할 때만큼은 진지하게 흔들림 없이 집중해서 매달리는 것입니다. 그렇게 해야 시간의 밀도가 높아져서 짧은 시간 공부해도 긴 시간을 투여한 것 이상으로 성과를 낼 수 있습니다.

'파레토의 법칙'을 공부에도 응용해볼까요? 파레토의 법칙은 이탈리아 사회경제학자 빌프레도 파레토Vilfredo Pareto가 발견한 법칙으로 '80대 20의 법칙'이라고도 하지요. 집중도를 높이면 20%의 시간으로도 80%의 성과를 낼 수 있다는 겁니다. 집중함

기분 좋게
거절하는 일은
절반은 선물을
주는 것과 같다.

프르 드리히 부테르베크(독일 철학자)

Millionaire's guide to Learning,
Earning, and Getting rich

으로써 공부 효율을 네 배로 끌어올릴 수 있습니다.

저는 항상 여러 가지 일을 동시에 진행합니다. 그러나 실제로 일을 할 때는 딱 하나에만 매달려서 최대한 집중합니다.

예를 들어 하룻밤 사이에 여러 가지 공부를 하고 일을 처리해야 하는 경우, 정확히 시간을 정한 후 정해진 시간에는 하나의 일에 모든 신경과 에너지를 쏟아 붓습니다. 하나의 작업이 끝나면 커피를 마시며 기분을 전환합니다. 이러한 휴식 시간도 무척 중요합니다. 뇌에도 쉼표와 마침표를 찍어줄 필요가 있기 때문이지요. 상당한 속도로 원고를 계속 써내려갈 수 있는 것도 이렇게 최대한 집중하는 습관 덕분이라고 생각합니다.

여섯째, 틈새 시간을 헛되이 보내지 않으며 아무리 사소한 시간이라도 활용하십시오.

예정된 시간까지 앞으로 5분이 남았다고 가정해봅시다. 이럴 때 '5분밖에 없는데 뭘'이라며 손을 놓아버리는 사람과 '앞으로 5분이 남았네'라며 한두 가지라도 소소한 용무를 처리하는 사람이 있습니다. 그 차이는 처음에는 작지만 점차 부풀어 올라서, 일생이라는 관점에서 보면 엄청난 격차가 됩니다. 1분이면 전화를 걸 수 있고, 3분이면 짧은 메일을 보낼 수 있습니다. 5분이면 신문을 볼 수도 있고 15분이라면 어지간한 용건을 해결할 수 있습니다.

사소한 시간, 틈새 시간을 활용하면 다른 사람과 차이를 벌릴 수 있습니다.

저는 아침이면 병원 직원들 앞에서 짧은 스피치를 합니다. 그날 예정된 업무나 특별히 전달할 사항, 평상시 마음가짐을 구호로 외치며 20분간 조례를 하지요. 제 스피치는 길어도 15분 안팎인데 이 시간 동안 마음이 담긴 말을 어느 정도는 전할 수 있습니다.

아나운서는 1분간 300글자 정도의 원고를 읽는다고 합니다. 원고용지로 한두 장의 분량이지요. 여러 사람이 출연해 장시간 토론이 이루어지는 프로그램에서도 한 사람이 말하는 시간은 보통 7~8분 정도라고 합니다.

'앞으로 5분'이라는 사소한 시간, 틈새 시간은 하루에도 여러 번 생길 수 있습니다. 만일 여섯 번이 있다면 30분이 되지요. 새로운 무엇인가에 활용하기에 충분한 시간입니다. 1년이라면 182시간이나 됩니다. 틈새 시간을 가벼이 보아 넘겨서는 안 됩니다.

영국의 문학가 새뮤얼 존슨Samuel Johnson은 "짧은 인생은 시간 낭비에 의해 더욱 짧아진다"고 말했습니다. 이 말은 시간을 소중히 사용하면 인생을 길게 만끽할 수 있다고 해석할 수 있습니다. 약속 장소에서 사람을 기다리는 시간을 예로 들면, 상대방이 나타나기 바로 직전 1초까지도 유효하게 쓸 수 있습니다.

그때까지 메일을 보내거나 책을 읽으라는 것이 아닙니다. 예를 들어 도쿄에 갈 때면 들르곤 하는 호텔의 로비가 높은 층에 있는데 눈앞에 레인보우 브리지가 펼쳐져 있다고 해보지요. 그 광경을 바라보면서 마음속에 상쾌한 바람을 불어넣는 것도 좋습니다. 그것 역시 시간 활용의 한 방법입니다.

중요한 것은 의식입니다. 시간 활용 면에서도 그 법칙은 변함이 없습니다.

마지막 일곱 번째 법칙은 항상 진심을 다해 살아가는 것입니다. 내일은 없다는 마음가짐으로 오늘에 임해야 합니다.

'어제와 오늘이 다르지 않았던 것처럼 오늘과 별반 다를 것 없는 내일이 찾아오겠지.'

대다수 사람들은 이런 생각을 품고 있습니다. 특히 이삼십 대에 그런 경향이 두드러지며 더구나 인생이 무한할 거라는 착각에 빠져있을지도 모릅니다. 인생 80세 시대이니 40대면 이제 간신히 반환점을 돌아섰다고 생각하는 사람이 많을 겁니다.

하지만 제 의견은 다릅니다. 20대, 30대, 40대에 각각 할 일을 설정하고 인생을 빈틈없이 살아가려면 지금의 시기에 해야 할 일을 착실히 해나가야 합니다. 저 자신이 누구보다 그 사실을 강하게 인식하며 노력해왔습니다.

이집트에서 실제로 피라미드를 보면 자신이 상상했던 이미지와는 너무나 달라서 충격을 받게 됩니다. 사진상으로는 사각의 추 모양을 이루는 능선이 직선으로 보이지만, 눈앞에 있는 피라미드는 장대한 계단으로 이루어진 구조물입니다. 아래에서 정점까지 단숨에 일직선으로 이어져 있지 않습니다. 기반을 닦고 그 위에 한 단을 쌓아 올린 후 다 완성되면 다시 그 위에 한 단을 쌓아올린 것이지요. 올록볼록한 능선으로 이루어진 그 장엄한 구조물은 땀으로 얼룩져 한 단 한 단씩 쌓아올린 끝에 완성되었음을 보여줍니다.

인생도 마찬가지 아닐까요? 10대, 20대, 30대……, 각 단계에서 해야 할 일을 빈틈없이 완수하고 한 단씩 쌓아 올라가야만 정점에 도달할 수 있습니다.

개업해서 20년이 안 되는 세월 동안 이렇게까지 큰 성과를 거둘 수 있었던 것은 단지 운이 좋았던 것만이 아니라 전략대로, 계획한 대로 한 걸음씩 걸어왔기 때문입니다. 치밀한 계획과 그것을 실현하려는 진지한 노력, 묵묵하게 이를 실행해온 결과가 오늘날의 제 모습인 겁니다.

30대였던 어느 날 큰 교통사고를 당했고 가족이 구사일생으로 살아나는 체험을 했습니다. 오늘처럼 똑같이 내일이 다시 찾아오리라는 확신은 그 누구에게도 존재하지 않는다는 사실을 통렬하게 깨달았지요.

바로 그날부터 제게 '내일은 없다'는 감각이 생겼는지 모릅니다. 언제나 그런 생각에 입각해 행동하게끔 되었지요.

하지만 이런 생각은 비장하다거나 세월이 무상하다는 관념과는 본질적으로 다릅니다.

가령 바로 이 순간, 오늘 인생이 끝날지라도 할 일을 다 했다는 만족감을 느낄 수 있어야 합니다. 그런 인생을 살아가려고 마음속에 항상 새겨 넣고 있습니다.

매시간을, 아니 모든 순간 순간을 충실하게 살아가 봅시다.

$ 연 수입 10억을 벌어들이려면

시간을 지배하는 일곱 가지 법칙을 이해하고 자신의 시간을 최대한 활용하라!

17 '언젠가' 와 '바로 지금' 의 커다란 차이

며칠 전에 고등학교 동창회에 참석했습니다. 50대가 다 되어가는 연배이기에 모두들 완전한 아저씨들이었지요. 졸업하고 30년이 되어가는 지금, 우리들의 사회적 지위와 수입에는 놀랄 만치 커다란 격차가 존재합니다. 그 차이는 어디에서 생겨나는 것일까요? 어디에서 결정되는 걸까요? 분명히 말할 수 있는 것은, 학창 시절의 성적이 결정적인 단서는 아니라는 사실입니다.

그 차이를 발생시키는 것은 행동력이라고 봅니다. 누구나 더 나아지고 싶다는 생각을 품고 있습니다. 하고 싶은 일도 물론 많을 겁니다. 그런 마음을 가지고 있으면서도 대부분 사람들은 "언젠가는… 하고 싶어"라는 말로 끝나버리기 일쑤입니다.

동창회에 모인 친구 중에는 아저씨라는 단어와는 거리가 먼

꽃중년들도 있습니다. 평상시 잘 다듬어진 몸매는 양복을 입었어도 겉으로 드러나기 마련입니다. 아무리 바빠도 스스로 정한 트레이닝 과제를 완수한 덕분이지요.

공부도 마찬가지라고 생각합니다. "언젠가는… 하고 싶어"가 아니라 "바로 지금 해야지"라는 마음가짐이 중요합니다. 하려고 마음먹은 일은 매일 착실하게 해나가는, 그럴 수 있는 사람이 되어야 합니다.

매 순간을 그렇게 지속해온 사람이 40대, 50대가 되었을 때 학창 시절에 성적이 우수했던 사람을 훨씬 뛰어넘어 큰 성공을 손에 거머쥐게 되는 것입니다.

💲 연 수입 10억을 벌어들이려면

'언젠가가 아닌 바로 지금' 이라는 생각이 차이를 만든다.

18 배움의 시간을 가장 우선순위에 두라

'이번 달에는 피터 드러커 톱매니지먼트 세미나, 병원경영 세미나, 그리고……'

제 스케줄 표에는 이렇게 매달마다 반드시 몇 개의 세미나가 기입되어 있습니다. 앞서도 언급했듯이 대학원을 졸업하고 나서는 매년 연간 100일 이상 세미나에 참석해왔습니다. 지금도 매년 세미나에 참석하고 있지요. 물론 진료를 포함해 병원 업무는 무척이나 바쁩니다. 그런데도 어째서 시간을 쪼개어 가며 세미나에 가는 걸까요?

이유는 간단합니다. 기본적으로 저는 세미나 참석을 우선순위의 가장 높은 곳에 두고 나머지 상황을 고려합니다.

"시간이 생기면 공부를 하든가 세미나에 참석해야지, 그런데 지금은 바쁘니까…", "이번 달 일정은 꽉 차버렸네" 라고 공부를 뒤로 미루는 사람이 많습니다. 공부하고 싶은 마음은 있지만 정작 공부가 우선순위는 아닌 사람들입니다. 이런 식으로라면 아무리 시간이 흘러도 공부를 할 수 없습니다.

어떤 분야의 공부를 하기로 마음먹었다면 우선 어떤 책, 강좌, 세미나가 있는지 찾아보십시오. 인터넷 모임에 가입해 관련 정보를 찾는 것도 방법입니다. 초심자에게 필요한 책이나 강좌 정보를 얻을 수 있을뿐더러, 모임 사람들끼리의 세미나 정보도 얻을 수 있습니다. 그리고 그중 '가고 싶다' '참석해보고 싶다' 는 마음이 저절로 드는 세미나가 있으면 "모든 일을 제치고서라도 참석하자" 라는 방침을 세우는 겁니다. 세미나 참석을 모든 스케줄의 가장 우선순위에 놓으십시오.

최우선순위에 놓는다고 해서 업무를 내팽개치거나 이미 잡힌 약속을 무시하라는 의미는 아닙니다.

가장 우선순위에 놓고 그다음 방법을 찾아내야지요. 다시 말해서 '어떻게든 참석해야지' 라는 생각이 들면 그다음은 '어떻게 해야 참석할 수 있을까?' 고민하라는 것입니다. 예를 들어, 누군가와 업무를 바꾸거나 약속을 연기하거나 혹은 야근을 해서라도 시간을 만들어내야 합니다. 이렇게 배움의 길을 열어가는 것이지요.

배움의 시간을 최우선순위에 놓는 가장 큰 이유는 누구나 업무를 최우선순위로 여기기 때문입니다. 억지로라도 배움을 그 앞의 순위에 놓아두지 않으면, 일상은 온통 업무로 도배되어 버립니다. 변화를 원하고 발전을 꾀한다면, 어떤 수를 써서라도 변화하고 발전할 시간을 자신에게 만들어주어야 합니다.

> **$ 연 수입 10억을 벌어들이려면**
> **삶의 최우선순위에 배움이 있어야 한다.**

19 시간을 두 배, 세 배로 늘리는 방법

하루는 24시간이며 그 시간은 누구에게나 평등하게 주어져 있다는 생각은 안이한 사고에 불과합니다. 시간에도 질과 양이 존재합니다. 양은 하루 24시간이라는 길이를 말합니다. 이것은 누구에게나 평등합니다. 그렇다면 시간의 질은 어떨까요?

시간의 질은 무한한 부가가치를 만들어낼 수 있습니다.

여러 명의 직원을 데리고 있다 보면, 똑같은 일을 하는데도 시간의 개인차가 상상이상으로 크다는 것을 알게 됩니다. 일례로 100명의 진찰기록부를 정리한다고 할 때 A는 한 시간이면 끝나는데 B는 두 시간이 걸립니다. 이 경우에 A의 시간의 질은 B의 두 배가 되는 셈이지요. 결국 걸리는 시간의 반, 혹은 그 이하로 끝마칠 수 있는 방법을 익히면 시간의 가치는 두 배, 또는 그 이상이 됩니다. 사용하기에 따라 하루를 48시간 이상으로 만들 수도 있는 것입니다. 그러므로 효율을 높일 방법을 연구하십시오.

시간을 미루는 습관이 있다면, 이를 버리는 것 또한 역으로 시간을 늘리는 방법입니다. 일이든 공부든 매사 '삼십 분만 있다가 시작해야지', '커피 한 잔 마시고 나서 해야지' 라는 식으로 시간을 정해놓고 시작하는 타입의 사람이 의외로 많습니다. 단 5분이라 할지라도 늑장을 부리는 그 순간부터 시간은 버려집니다. 게다가 실상은 삼십 분 후 또는 커피 한 잔 마시고 난 후 바로 시작하는 것이 아니라 다시 얼마간의 게으름을 부리고 나서야 마지못해 일하거나 공부하는 경우가 다반사입니다. 그것이 시간을 미루는 습관의 속성이지요.

시간은 주어지는 것이 아닙니다. '스스로 만들어내는 것' 입니다. 이렇게 생각하는 순간, 시간은 모두에게 평등하다는 사고의 틀이 깨지고 시간의 속박에서 해방될 수 있습니다. 제가 다른 사람보다 많은 양의 공부와 일을 해내면서도 시간에 쫓기지 않는 것은 시간에 얽매이지 않겠다고 결심했기 때문입니다.

$ 연 수입 10억을 벌어들이려면

시간의 가치는 쓰는 방법에 따라 변화한다.

자네, 시간이란 말이야.
각각의 사람에 따라
각각의 속도로
달리는 것이야.

윌리엄 셰익스피어(영국 극작가, 1564~1616)

Millionaire's guide to Learning,
Earning, and Getting rich

20 속독, 속청으로 속도를 몇 배로!

 책상 정리처럼 그다지 머리를 쓸 필요가 없는 작업을 할 때면 저는 항상 이어폰을 끼고 있습니다. 이것이 제 독서 스타일이지요. 10여 년 전에 빠르게 듣는 '속청'을 마스터하고 나서 거의 모든 '독서'는 속청으로 대신하고 있습니다.

 시각과 청각은 훈련을 통해 상당히 빠르게 작동할 수 있습니다. 이는 많은 뇌과학자들에 의해 인정된 사실이기도 합니다.

 독서의 속도를 높이는 방법으로는 속독법이 유명하지요. 예전에 텔레비전에서 속독법을 소개했는데, 문고본 한 권을 읽는 데 15분, 요점만 읽는 경우에는 2~3분밖에 걸리지 않는다는 사실에 무척 놀랐습니다. 이런 기술이 있는데도 익히지 않는다면 너무 아깝지 않을까요?

미국의 대학이나 경영학 스쿨에서는 학생들이 기겁할 만큼 많은 양의 과제를 내줍니다. 매주 두꺼운 주교재, 부교재를 몇 권씩 읽고 보고서로 제출해야 학점을 딸 수 있지요. 저도 경영학 논문을 쓰기 위해 매일같이 방대한 양의 논문과 자료를 단시간에 읽어야만 했습니다. 어느 정도 속독도 가능했지만, 저는 청각에 자극받는 감수성이 잘 발달된 타입이라 속청의 도움을 더 많이 받았습니다. 특히 암기해야 할 내용은 눈으로 읽는 것보다 귀로 들었을 때 그 효율이 높았습니다.

속청 연습은 음성을 초고속으로 반복해서 듣는 과정으로 이루어집니다. 고속으로 재생하면 처음에는 끼릭끼릭하며 작은 동물이 우는 소리밖에 들리지 않습니다. 하지만 점점 익숙해지면 어느 날 분명하게 알아들을 수 있게 되지요. 그 순간을 잊을 수가 없습니다. "들렸어!"라며 뛰어오를 듯 기뻐했는데, 그 감동은 굉장했습니다.

그다음에는 보고 싶은 책을 소리 내어 읽으며 녹음하는 작업을 했습니다. 처음에는 제가 읽고 녹음했는데, 같은 내용을 듣는 거라면 프로의 목소리, 프로의 발성법이 훨씬 듣기 좋았습니다. 그래서 지금은 프로 아나운서가 낭독해준 내용을 CD로 만들어서 속청을 하고 있습니다.

프로 아나운서에게 부탁해야 하니 나름의 비용이 드는 건 당연합니다. 하지만 그렇게 함으로써 시간의 가치는 더욱 높아졌습니다. 책을 빨리 읽을 수 있을 뿐 아니라 이동 시간을 배움의 시간으로 변화시킬 수도 있습니다. 그 점을 감안한다면 낭독에 드는 비용은 절대 비싸지 않습니다. 비행기나 기차를 탔을 때는 두말할 것도 없이 잠이 드는 그 순간까지 속청을 합니다. 녹음이 가능한 세미나에서는 반드시 녹음을 하고 그 이후에 속청을 합니다. 속청을 이용하면 어떤 환경에서든 세미나 복습마저 완벽하게 해낼 수 있지요.

　속청에는 두뇌를 자극해서 머리의 회전을 원활하게 해주거나 의욕을 불러일으키는 효과도 있다고 합니다. 내용을 의식하지 않고 느긋하게 두뇌를 이완시키면서 속청하면 무의식 상태로 인도되어 그곳에서 과포화입력이 이루어지고 잠재의식에 낭독 내용이 각인됩니다. 그 결과 책의 내용을 자신의 일부로 받아들이게 되어서 언제 어디서든 활용할 수 있습니다.

　미국에서는 대통령실에 근무하게 되면 무엇보다 먼저 속독법을 배운다고 합니다. 매일 방대한 서류를 읽어내야 하는데, 보통 속도로 느긋하게 읽어서는 그 분량을 배겨낼 수가 없기 때문이지요.

　우리 병원에서는 신입직원에게 속청으로 CD를 듣게 합니다. 신입이 들어오면 몇 가지 연수를 실시하는데 그 가운데 속청으로 이루어지는 공부도 포함되어 있습니다. 그때까지 알지 못했던 속청과 조우하면서 자신의 능력이 눈에 띌 정도로 향상됨을 느끼면 신입직원의 의욕과 의식은 급격히 변화합니다. 사람에게는 잠재의식이 있고 그 잠재의식을 자극함으로써 가능성이 열린다는 사실을 백 마디의 말보다 더 확실하게 깨닫게 되는 것이지요.

그 후에는 아무런 지시를 내리지 않아도 스스로 의욕적으로 배움을 지속합니다. 그렇게 하다 보면 어느새 배움의 습관이 완전히 몸에 배고, 잠재의식을 활용해 선순환의 궤도에 오르는 것을 확인할 수 있습니다.

속청은 일거양득의 효과를 가져다줍니다.

$ 연 수입 10억을 벌어들이려면
속독, 속청으로 시간의 가치를 배 이상 늘릴 수 있다!

21 일상생활에서 시간효율을 최대화하는 방법

하루에 몇 시간이나 텔레비전을 보십니까? NHK 방송문화연구소 '2010년 국민생활시간조사'에 의하면 일본의 텔레비전 시청시간은 평일을 기준으로 평균 3시간 28분이라고 합니다. 최근에는 텔레비전을 설치하지 않는 가정이 늘어나고 있는데도 말입니다. 신문은 19분, 잡지와 책은 13분으로 텔레비전이 압도적으로 많으며 미디어에서는 부동의 1위입니다.

거꾸로 생각해보면 귀중한 3시간 반 정도가 텔레비전에 약탈되고 있는 것입니다. 놀랍지 않은가요? 텔레비전을 보면서 다른 일을 하는 사람도 있겠지만 식사를 마친 후 멍하니 보다 보면 한 시간 정도는 쉽사리 시선을 빼앗겨버립니다.

어느 지인은 보고 싶은 프로그램은 반드시 녹화한 후 빨리감

기로 건너뛰면서 중요한 부분만 보통 속도로 본다고 합니다. 이런 방법으로 1시간짜리 프로그램은 30분 이하로 충분히 즐길 수 있다고 하지요.

저는 텔레비전은 거의 보지 않지만 자기계발학습 교재의 DVD는 배속을 높여서 봅니다. CD 속청, DVD 배속 시청, 모든 것을 가속 학습하는 셈이지요. 의사인 제가 바쁜 업무를 처리하면서도 많은 '배움'을 실현할 수 있는 요인 중 하나는 가속 학습을 도입한 덕분이라 할 수 있습니다. 자신도 모르게 헛되이 시간을 보내는 일은 거의 없습니다. 언제나 분주하고 조급하다는 인상을 줄지는 모르겠으나, 워낙에 아무것도 하지 않고 멍하니 텔레비전을 보는 습관도 없습니다. 평상시의 이런 습관이 바쁜 스케줄을 소화해내면서도 상당히 여유롭게 시간을 보내는 이유일 겁니다.

헛되이 보내는 시간조차 아깝기에 그런 시간을 어떻게든 없애려고 합니다. 헛된 시간의 전형적인 예는 물건을 찾는 일인데, 그것은 시간낭비일 뿐 아니라 물건을 찾고 있는 동안 초조해져서 생각지도 못한 실수를 하게 됩니다. 실수하면 처음부터 다시 해야 하기 때문에 초조함은 큰 시간 손실로 연결되기 쉽지요. 언제나 평상심을 유지하는 것 또한 효율적인 시간 관리를 위해 중요합니다.

평상시에 일하는 공간을 깔끔하게 정리하는 습관, 전날 정확히 준비해두는 습관을 들입시다. 나가기 전에 당황하며 물건을 찾지 않도록 평상시에 습관을 들여 두는 겁니다.

 또한 멍하니 무의식적으로 행동하지 말고, 효율성을 따져가며 행동하십시오. 이런 식으로 행동할 때마다 머리를 쓰는 습관이 붙으면, 나중에는 특별히 의식하지 않아도 가장 효율적인 방식을 선택할 수 있게 됩니다. 가령 A, B, C, D라는 네 군데 장소를 돌아다녀야 한다면 자신도 모르게 가장 시간을 단축하는 길을 찾아다니게 된다는 것입니다.

 이런 작은 차이가 훗날 크나큰 격차를 만들어냅니다.

> **$ 연 수입 10억을 벌어들이려면**
> **머릿속에 효율성의 회로를 만들어라!**

가장
바쁜 사람이
가장 많은 시간을
갖는다.

알렉산더 비네(스위스 신학자, 1797~1847)

Millionaire's guide to Learning,
Earning, and Getting rich

12 배움은 24시간 계속되어야 한다

"선생님은 하루에 어느 정도 시간을 공부에 할애하시나요?"
 이런 질문을 받으면 대답은 항상 같습니다.
"24시간을 배움에 씁니다."

 배움에 '푹 빠졌던' 초기에는 진료시간이나 직원회의처럼 병원 운영에 필요한 시간을 제외하고는 나머지 시간을 전부 공부에 쏟아 부었습니다. 때로는 경영자로서 업무를 처리하면서도 이어폰을 끼고 속청하는 경우까지 있었을 정도지요.

 가족여행을 가서도 가족들이 수영장에서 놀고 있을 때 저는 방에서 공부를 했습니다. 뉴욕대학교를 다닐 때에도 수업이 끝난 다음에는 방안에 틀어박혀 오늘 복습, 내일 예습, 게다가 능력계발 관련 공부까지 했습니다. 이제는 공부하는 시간이 더욱 늘어나서 24시간 공부한다 해도 과언이 아닙니다. 아무리 그래도 잠자는 시간은 예외가 아니냐고 하시겠지요. 그 또한 잠재의식을 활용하면 가능합니다.

밤에 잠들기 전에는 잠재의식과 현재의식의 경계가 열려서 잠재의식에 정보를 전달하기 수월해진다고 합니다. 이 절호의 기회를 놓치지 않으려 노력합니다.

특히 긍정암시 같은 것은 잠자기 직전에 듣거나 외우는 것이 잠재의식에 새겨질 확률이 높습니다. 수면 유도문을 녹음하고 마지막 부분에 이르러 자신의 잠재의식에 강하게 입력하고 싶은, 즉 현실화하고 싶은 배움의 내용을 녹음해 잠자리에서 들으면 효과가 높다고 합니다. 물론 저 역시 자주 이용하는 방법이지요.

이렇게까지 하지 않아도 언제 어디서든 적절한 방식으로 배움을 실천하는 습관이 쌓이면 큰 차이가 생겨납니다.

요즘은 기술이 발전해 이동할 때는 물론이고, 심지어는 계단을 걷거나 엘리베이터를 기다리는 순간조차도 배움을 지속할 수 있습니다. 스마트폰만 있으면 녹음기나 CD플레이어를 들고 다니지 않아도 속청이 가능하고, 책을 읽을 수 있으며, 인터넷을 통해 원하는 강좌나 세미나를 들을 수 있습니다. 실제로 세계 곳곳에서 열리는 강연회나 세미나들이 인터넷을 통해 공개됩니다. 저는 가능한 한 직접 세미나에 참석하자는 주의지만, 그

외에 별도로 짧은 시간을 활용해 듣거나 보는 것도 제법 도움이 됩니다.

 공부할 여건이 안 되어서, 시간과 장소가 여의치 않아서 공부할 수 없다는 핑계가 더는 통하지 않는 세상인 것입니다. 거꾸로 생각하면, 시간과 장소에 구애받지 않고 한 시의 빈틈도 없이 배움의 욕구를 채울 수 있는 환경이기도 합니다. 이를 최대한 활용하십시오.

 인생이란 매 순간이 쌓여서 만들어지는 것입니다. 지금 이 순간도 잠시 후면 과거가 되어 버리지요. 그 사실을 의식하고 순간순간 진심을 다해 배우고 공부하십시오.

> **$ 연 수입 10억을 벌어들이려면**
> **언제 어디서든 공부하는 습관을 들여라.**

23 가능한 큰 도시에서 열리는 세미나에 참석하라

  세미나를 선택할 때 정해놓은 제 나름의 규칙이 있습니다. 병원이 있는 삿포로와 도쿄, 두 군데에서 동일한 세미나가 열린다면 멀리 있는 도쿄의 세미나에 참석하자는 것입니다.

  동일한 세미나가 뉴욕에서 열리면 망설이지 않고 뉴욕으로 갑니다. 시간 효율을 높인다는 점에서는 모순되는 것 같지만, 생각해보면 투입한 에너지의 양만큼 큰 수확을 얻을 수 있다는 법칙이 작용합니다. 시간을 들인 양만큼 때로는 그 이상의 가치를 손에 넣을 수 있어서 전체 가치가 올라가게 되지요. 예를 들어 세미나 장소에서 만나게 되는 사람들의 면면을 살펴볼까요. 삿포로와 도쿄, 도쿄와 뉴욕에는 큰 차이가 납니다. 만약 뉴욕이라면 세미나에 참석하지 않고서는 일생 만날 수 없을 해외의 친구, 지인을 만들 절호의 기회가 되기도 합니다.

요즘은 인터넷 시대이기도 하고 전국에서 전개되는 워크숍이나 이벤트도 다양해서 홋카이도와 도쿄에 별반 차이가 없다고들 합니다. 저 또한 도쿄가 더 좋다거나 뉴욕이 더 좋다고 말하는 건 아닙니다.

평상시와 다른 공기를 느낄 수 있는 곳에 일부러 가는 것이지요. 그 자체가 좋은 자극이 된다고 말하고 싶습니다. 먼 곳에 가면 그만큼 행동범위가 넓어지게 됩니다. 이동하는 동안 공항에서 때로는 호텔 로비에서 마주치게 되는 이런저런 사람들을 관찰하고, 굳이 말을 나누지 않아도 다양한 사람들과 접촉하는 것 역시 만남입니다.

사람은 다른 사람을 만나면 반드시 무언가를 느끼게 됩니다. 그 사람의 옷 입는 감각이 좋다며 자극을 받는 경우가 있는가 하면, 잠시 방심해서 단정치 않은 자세로 있는 사람에게서는 자신의 자세를 돌이켜보는 반면교사적인 자극을 받기도 합니다. 그런 모든 자극이 자신을 변화시켜 줍니다.

> **$ 연 수입 10억을 벌어들이려면**
> 때때로 낯선 장소와 사람들로부터 자극받을 필요가 있다.

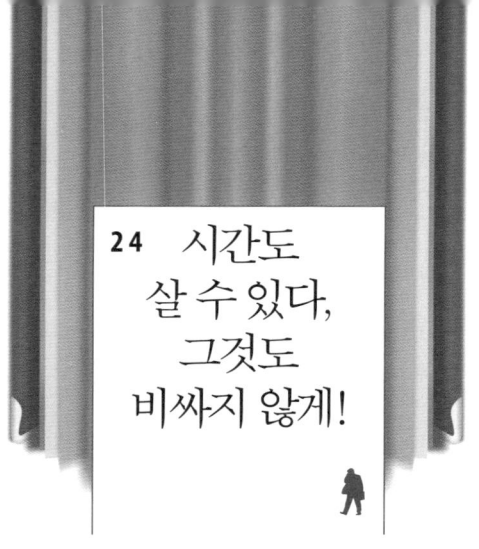

24 시간도 살 수 있다, 그것도 비싸지 않게!

하루는 24시간입니다. 이 책을 읽고 있는 독자 여러분 모두, 이 시간을 48시간으로 만들거나 72시간으로 늘리기란 불가능하다고 믿고 있겠지요. 하지만 저는 하루를 48시간, 72시간, 아니 그 이상으로 늘려 쓰고 있습니다.

어떻게 그런 것이 가능할까요? 대답은 간단합니다. 다른 사람의 시간도 자신의 시간으로 만들 수 있기 때문이지요. 구체적으로 말하면 제게는 대신 일을 도와주고 지지해주는 사람이 많습니다.

최근에는 자기계발 관련 세미나 강연이나 저서 집필이 중요한 업무가 되어서 병원에서 치료나 수술을 담당하는 것은 일 년에 반 정도뿐입니다. 도저히 불가능해 보이는 일을 병행하는 셈인데 제 경우에는 두 가지가 무척 이상적인 형태로 연동되고 있습니다. 깊숙한 정신세계에서는 완벽히 동일한 차원에서 서로 연결되어 있는 셈이지요. 그리고 여전히 열정적으로 배움을 지속하며, 국내와 해외 각지를 돌아다니고 있습니다. 그런데도 환자는 계속 늘어나고 선택 진료를 희망하는 환자가 많아서 병원 수입은 확대일로에 놓인 상황입니다. 담당 세무사가 "원장님이 병원에 반 정도밖에 안 계시는데 상식적으로는 도저히 있을 수 없는 일이네요"라고 할 정도입니다.

불가능한 일이 실현되고 있다고요? 맞습니다. 그리고 그 이유는 단 한 가지입니다. 제가 없는 동안에도 저와 똑같이 환자를 대하고 치료할 수 있는 직원들이 있기에 그런 불가능한 일이 이루어지고 있는 것입니다.

개업의나 사장이 포함된 세미나에 가서 이런 이야기를 하면 으레 "선생님과 비슷한 기량을 가진 직원들이 있다니 놀라운 일입니다. 전 그렇게 실력 있는 직원은 단 한 명도 구하지 못했는데요"라는 반응이 돌아옵니다.

그러나 제가 말한 것은 저와 똑같은 '기량'을 가진 직원이 아닙니다. 환자에게 저와 똑같은 애정을 쏟아 붓고 성심성의껏 가장 적합한 치료를 하려는 자세를 갖추고 있는, 그런 직원을 말하는 것입니다.

의사, 치과위생사, 접수직원, 행정직원 등……. 병원에는 다양한 직원이 있지만 그들 모두를 철저히 믿고 모두 맡기고 있습니다. 마치 그들이 저 자신인 것처럼 말이지요. 예를 들면, 수천만 엔을 호가하는 의료기기를 구입할 때도 상황에 따라 직원에게 결정을 일임하기도 합니다. 이처럼 끝없는 신뢰를 주면 사람들은 그 신뢰에 보답하기 위해 최대한의 힘과 성의로 최선을 다해 임무를 완수해줍니다.

병원 말고도 대신 일을 해주는 사람이 많습니다. 거래 은행에서 자산관리를 맡아주는 사람, 여행사에서 국내외 여행을 알선해주는 사람, 이런 분들의 협력 덕분에 스스로 했더라면 품과 시간을 들여 고생했을 일을 메일 한 통으로 수월하게 진행합니다. 진심으로 마음속 깊이 감사하고 있습니다.

물론 각각 나름의 비용이 발생합니다. 굳이 "시간을 산다"라고 표현한 것은 바로 그 이유 때문이지요. 하지만 돈만 지불한다고 해서 누구나 이런 사람을 살 수 있는 건 아닙니다.

거래 은행이나 선호하는 여행사를 가진 분들도 있을 겁니다. 담당자가 정해져 있는 분도 많겠지요. 그들을 단순히 거래처로 대할 것이 아니라, 가능한 그들과 신뢰관계를 쌓도록 하십시오. 제 경우에는 오랫동안 담당자들과 신뢰관계를 지속해온 결과, 척하면 모두 알아들을 정도의 관계가 되어서 메일 한 통만으로도 목적이나 취향을 잘 파악하고 원하는 바를 기가 막히게 해결하는, 그런 준비를 해줍니다. 그들은 두말할 필요도 없이 그 분야의 전문가들이지요. 전문가가 잘 파악해서 그 지식과 기술을 제공해주므로 직접 시간을 들여서 해결하는 것 이상의 결과를 얻을 수 있습니다.

무슨 일이나 다 스스로 해내는 사람은 언뜻 멋져 보일 수 있지만, 사실 현명함과는 거리가 멀다고 할 수 있지요. 하루는 24시간으로 한정되어 있고, 몸은 하나뿐입니다. 더구나 사람은 모든 영역의 전문가가 될 수는 없습니다.

예를 들어 맞벌이를 하면서 가사일 부담에 골머리를 앓는다면 가사 도우미에게 부탁하십시오. 이따금 아이는 베이비시터에게 부탁하고 부부끼리 오붓한 시간을 갖는 것도 의미 있는 일이며, 지불한 비용 이상의 장점을 얻게 됩니다. 최근에는 쇼핑 대행업체까지 등장해 물건을 고르고 사는 것마저도 아웃소싱할 수 있습니다. 얼마간 비용을 지불하고 쇼핑에 드는 시간을 버는 셈이지요.

시간을 '구매해서' 만들라는 것은, 결국 자신의 시간은 최대가치를 발휘할 수 있는 곳에 사용하라는 말입니다. 그런 식으로 유한한 시간의 가치를 높여나간다면 시간은 무한대화 할 수 있습니다. 굳이 직접 하지 않아도 되는 일에 시간을 쏟지 마십시오. 대신에 내가 아니면 안 되는 일, 그리고 하고 싶은 일에 전력을 다하면 24시간을 두 배, 세 배 가치로 사용할 수 있습니다.

이를 위해서는 무엇보다도 믿고 일을 맡길 수 있는 사람을 찾

나 자신이 아닌 사람에게
부탁할 수 있고
더구나 그 사람이
그 일을 더 잘해줄 수 있다면
스스로 그 일을
할 필요가 없다.

헨리 포드(미국 포드 창설자, 1863~1947)

Millionaire's guide to Learning,
Earning, and Getting rich

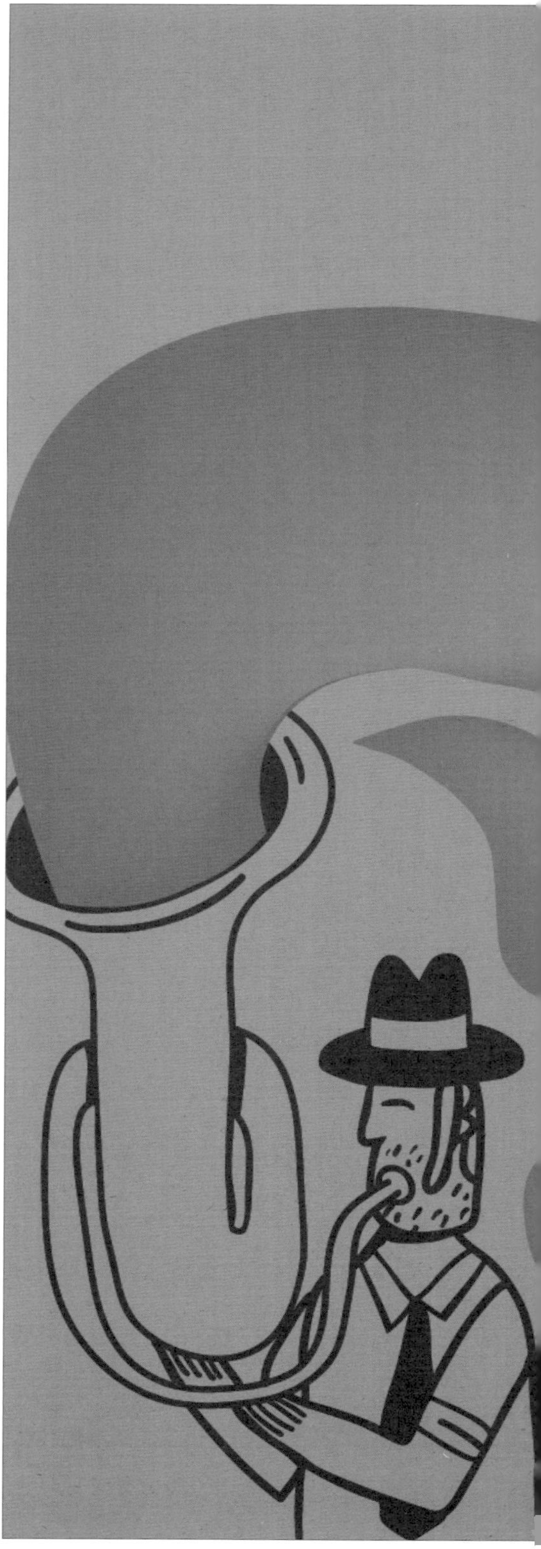

고 그들과의 신뢰관계를 유지하는 것이 중요합니다. 마음속 깊이 신뢰하며, 정당한 비용으로 보상하고, 진심으로 그들의 노고에 감사하면 그러한 관계는 자연스럽게 따라올 것입니다.

$ 연 수입 10억을 벌어들이려면

모든 일을 스스로 해결하려 하지 마라.

Millionaire's guide to Learning,
Earning, and Getting rich

3

인생을
바꾸고 싶다면
지금 당장
공부에 투자하라

25 배움은 수익이 약속된 최고의 투자

 이제까지 꼭 가보고 싶은 세미나나 강좌가 있으면 국내는 물론이고 미국이나 유럽에 가는 것도 마다치 않았고 책이나 DVD도 이거다 싶은 생각이 들면 즉각 구입해서 봤습니다. 그 모든 비용을 합해보면 족히 1억 엔은 넘을 겁니다. 왜 그렇게 많은 돈을 써왔을까요? 바로 배움은 최고의 투자라고 확신하기 때문입니다.

 거품경제로 들썩였던 시절에는 부동산과 주식에 억 단위의 돈을 투자하는 사람이 적지 않았습니다. 너도나도 부동산에 투자하고 단기간에 얼마가 올랐다며 기뻐하는 사람들도 보았지요. 하지만 거품경제는 허망하게 붕괴되었습니다. 부동산 투자를 했던 사람들 대부분은 현재 어떤 지경에 처해있을까요? 어렵사리 투자한 물건이 거의 바닥까지 가격이 무너져내려서 막대한 손실을 껴안고 쩔쩔매는 사람들을 여럿 알고 있습니다. 대출해서 투자했던 사람들 가운데에는 파산에 내몰리거나 자살하는 경우까지 있습니다.

최근에도 리먼 쇼크를 계기로 유럽의 금융위기와 투자환경이 악화 일로를 걷고 있습니다. 이런 사례를 통해서도 부동산과 주식 같은 투자가 얼마나 불확실하며 시기를 잘못 타게 되면 허망하게 모든 것이 원점(제로)으로 돌아가는, 아니 막대한 손실(마이너스)을 초래하게 되는지를 알 수 있습니다. 이에 비해 배움에 대한 투자는 절대로 손해를 끼치는 일이 없습니다.

배움의 성과는 확실하게 자기 것이 되며, 평생 마이너스가 되는 일이란 없습니다. 게다가 경험을 거듭 축적함으로써 점점 더 자신을 갈고닦게 되어 부가가치가 덧붙게 되지요.

전 세계에서 아무리 높은 이익을 가져다주는 투자라 해도 배움만큼 확실한 투자는 없다고 단언합니다. 질병이나 부상 등 만일의 경우를 대비해서, 혹은 노후를 위해 약간의 저축이 필요한 것은 당연합니다. '일정한 생업이나 재산이 없는 자는 마음의 안정도 누리지 못한다'는 말이 있을 정도로 얼마간의 자산이 없으면 마음도 불안정해지기 마련이지요. 그렇지만 자산형성 이상으로 중요한 것은 자신에게 투자하려는 결심입니다. 그리고 실제로 그 결심을 행동으로 바꾸어나가는 자세이지요.

현재 20대 혹은 30대라면 자산을 형성할 자금을 자신에게 투자하는 편이 앞으로 더 큰 수확을 얻을 수 있을 겁니다. 저도 그 나이 때에는 배움에 투자를 아끼지 않았습니다. 어떤 제한도 두지 않고 아낌없이 투자를 계속해왔지요. 그리고 투자에 부합하는 성과를 거두지 못했던 적은 단 한 번도 없었습니다.

물론 때로는 세미나가 기대만큼의 내용이 아닌 경우도 있었습니다. 하지만 배움의 장에 나가게 되면 반드시 누군가와 조우하게 됩니다. 강사와의 만남, 주최 측 관계자와의 만남 등 다양한 만남에서 반드시 어떤 수확을 얻을 수 있게 됩니다.

저는 이렇게 알게 된 분들과의 인연으로 책 출간의 기회를 얻었고 세미나 강사가 되어 초청을 받는 등 도저히 측정할 수 없을 정도로 큰 수확을 얻었습니다.

'추억은 Priceless' (추억에는 가격을 매길 수 없다)라고 정의하는 어느 카드 회사 광고처럼 공부에 투자해서 얻은 수익은 'Priceless' 였습니다.

$ 연 수입 10억을 벌어들이려면

자산에 투자하기보다 배움에 투자하라!

26 대출 없이는 성공할 수 없다

"지금은 경제적인 여유가 없어서 배울 수가 없어."

이 책을 읽고 있는 독자 중에 설마 돈이 없다는 이유로 공부를 못한다는 분은 없겠지요? 하지만 세상에는 배울 기회를 눈앞에서 뻔히 놓쳐버리는 사람들도 적지 않습니다. 저는 그런 사람에게 "대출을 해서라도 배우세요"라고 충고합니다.

대출이라고 하면 그 자체만으로 위축되거나 터무니없다며 트집을 잡는 이유는 무엇일까요? 대출에도 포지티브한 대출과 네거티브한 대출이 있다는 사실을 알아야 합니다. 자신을 향상시키기 위해 사용하는 돈이나 사업 확장, 발전을 위해 사용하는 자금은 장래를 실현시키기 위한 진취적인 대출로서 포지티브한 대출이라 할 수 있습니다.

계단을 오를 때 약간 힘이 부치는 경우가 있지요. 그럴 때 누가 뒤에서 조금이라도 밀어주거나 잠시 손을 잡아준다면 한층 수월하게 올라갈 수 있습니다. 대출은 뒤에서 밀어주는 힘이나 잡아주는 손과 똑같습니다. 그 도움으로 계단을 오를 수 있다면 빌린 돈을 여유롭게 갚을 수 있게 됩니다.

기업은 앞으로의 발전을 위해 새로운 사업을 시작하거나 공장을 설립할 때 은행에서 융자를 받습니다. 금융권의 도움이 없다면 경제 발전은 꿈꿀 수 없다고 해도 과언이 아니지요.

저 역시 발전을 위해 대출을 했던 경험이 있습니다. 처음에 돈을 빌렸을 때는 이로써 어엿한 사회인의 한 사람으로 인정받았다는 사실에 무척 기뻤을 정도였습니다. 대출 없이 장래의 발전을 기대하는 것은 무리입니다. 대출 없이는 성공할 수 없다고 표현할 수 있을 정도지요.

이전에는 은행에서 융자를 받을 때 부동산 같은 담보가 필요했습니다. 최근의 은행은 담보 이상으로 융자 대상이 되는 사업 비전의 장래성이나 경영자의 인성을 비중 있게 평가합니다. 대출이 가능하다는 것은 자신의 장래 비전이 높이 평가되었다는 증거라고 할 수 있습니다. 대출액이 늘어나면 늘어날수록 그 사람의 평가가 올라간 것으로 봐도 과하지 않습니다.

빌린 돈은 반드시 갚아야만 합니다. 대출금 반환은 고통스러운 과정이기도 하지요. 하지만 대출은 그 고통 이상으로 커다란 가능성을 열어줍니다. 더구나 그 괴로움을 극복하는 과정도 인생의 공부가 됩니다.

　대출에서부터 변제까지 모든 과정이 인생의 커다란 재산이 되는 것입니다. 대출 후 정확히 변제가 이루어지면 다음에는 더욱 큰돈을 빌릴 수 있게 됩니다. 대체로 사업가는 이런 식으로 대출금을 늘려서 사업기반을 확대해갑니다. 그 원리는 개인에게도 적용됩니다.

> **$ 연 수입 10억을 벌어들이려면**
> **대출은 자신을 평가한 증거임을 알아라.**

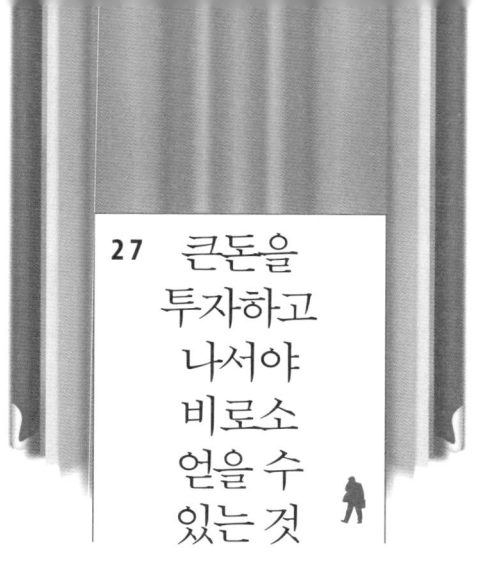

27 큰돈을 투자하고 나서야 비로소 얻을 수 있는 것

   자신의 능력에 맞는 단계에서 시작해 서서히 높여가는 것이 일반적인 배움의 과정입니다. 하지만 때로는 마음을 단단히 먹고 도약을 시도해보는 것도 중요하지요. 그런 도약을 통해 단숨에 자신의 레벨을 높일 수 있기 때문입니다.

   이전에 1회 참석에 18만 엔을 내야 하는 고액 세미나에 참석한 적이 있습니다. 어느 출판사가 처음으로 피터 드러커 연수를 시작하면서 출시한 '톱매니지먼트 코스 드러커 연수'라는 세미나였습니다. 1년간 12회로 이루어진 코스였기 때문에 참가비용은 총액 216만 엔이었습니다.

   당시 저는 다양한 경영학 세미나에 참석하고 있었습니다. 가능하면 보다 레벨이 높은 진짜 경영학을 배우고 싶다는 의욕에

불타올랐던 시절이라 결국 마음을 단단히 먹고 참가를 결정했지요.

  주최 측이 공고하기에는 정원 12명의 소수정예주의를 표방하는 세미나였는데, 너무나 비싼 금액에 참가 신청자가 적었는지 실제 모인 수강생은 8명이었습니다. 비교적 젊은 연령층은 저와 다른 한 사람 뿐, 대개 50대나 60대로 모두가 대기업의 최고 경영자들이었습니다. 더군다나 세미나에서 강의다운 강의가 이루어지는 것은 오전에 국한되었고, 오후부터는 그룹으로 나뉘어서 자유토론을 벌이는 것이었습니다. '한 번에 18만 엔이나 받으면서 반은 자유 토론으로 때우는 건가'라는 생각마저 들더군요.

  그런데 그 토론시간이 무척이나 좋았습니다. 무엇보다 구성원 대부분이 연간 매출액 수백억에서 수천억 엔에 이르는 대기업의 최고 경영자였던 것이지요. 이제까지 만났던 연 매출 수십억에서 백억 엔 대 경영자들과는 격이 달랐습니다. 연 매출 수십억에서 백억 대 경영자에게는 자수성가한 사람들에게 공통적으로 보이는 섬뜩하리만치 강렬한 열정이 있어서 무척 큰 자극을 받아왔던 터였습니다. 연 매출 백억 엔까지는 조직이 작동하지 않아도 열정만으로도 어떻게든 해볼 수 있는 단계입니다. 그런 인상을 받았기에 저도 처음에는 그 단계를 목표로 하겠다는 자신감을 얻었습니다.

하지만 그 단계에서 자릿수가 하나 더 올라가면 인간으로서의 기량이 달라진다는 점을 알게 되었습니다. 경영자로서 훌륭할 뿐 아니라 모두 인간적인 아우라를 가지고 있었지요. 어느 정도 친해지고 나서 이야기를 나누어보니 하나같이 뛰어난 인격자들이었습니다. 그 정도의 인간력이 없다면 대기업을 이끌어나갈 수 없을 거라는 생각에 압도되었습니다.

저는 참가자 중 최연소였고 치과병원을 경영하고는 있었지만 기업경영자는 아니었습니다. 기업경영자 입장에서는 완전히 이질적인 세계의 사람이었기에 모두 신기하게 여겼고 무척 많은 호의를 베풀어주었습니다.

당시 참가자 중 대기업 사장 한 분이 다음과 같은 말씀을 해주었습니다.

"자네, 50세까지는 공부를 하게. 그 나이까지 지속적으로 공부를 하는 사람이 없으니 50세까지 공부하면 그다음에는 뒤를 쫓아올 사람이 아예 없어지지. 결국에는 일등주자가 될 수 있을 거야."

그때의 말이 지금도 제 뇌리에 깊숙이 아로새겨져 있습니다. 대기업 사장도 이런 세미나에 직접 참석한다는 사실 역시 큰 자극이 되었습니다. 들어보니 하루나 이틀 정도 자리를 비워도 회사가 잘 돌아가게끔 시스템을 구축해놓고 있었습니다. 그런 방법을 배운 것도 커다란 수확이었지요.

경영이란 어떤 의미에서 보면 팀플레이입니다. 파워 매니지먼트 팀이라고 할 수 있는 강력한 조직이 형성되면 일상적인 업무는 그 팀에게 맡길 수 있습니다. 그렇게 되면 사장은 자유롭게 시간을 쓸 수 있게 되고, 세미나처럼 다음 성장을 위한 배움에 나설 수 있게 되지요.

그 가르침을 살려서 저 또한 신뢰를 기반으로 한 파워 스태프 팀을 길렀습니다. 그 결과 매달 열흘 이상은 도쿄에 가거나 강연을 위해 국내나 해외로도 나갈 수 있게 된 것입니다.

세미나에서는 강의와 토론회뿐 아니라 매회 워크숍도 열렸습니다. 워크숍을 통해서도 역시 많은 가르침을 받았습니다. 최고 경영자의 모임이니만큼 프레젠테이션 하나를 하더라도 무척 훌륭했고 감동적이기까지 했습니다. 정말 많은 공부가 되었지요.

마음을 단단히 먹고 도약하면 현재 자신이 놓인 수준에서 한 단계 또는 두 단계 탁월한, 훨씬 높은 수준의 사람들과 교제할 수 있습니다.

인간은 관계를 맺고 있는 이들의 영향을 강하게 받는 동물입니다. 수준 높은 사람들과 어울리면, 자신도 자연스럽게 그 사람들의 수준으로 이동해가서 어느덧 확고하게 상승했음을 깨닫게 됩니다. 큰돈을 투자하면 반드시 그만큼의 수익이 돌아오는 것, 그것이 바로 배움의 묘미입니다.

배우는 데 투자를 아끼지 마십시오. 반드시 참석해야겠다는 느낌이 들면 그 세미나에는 무슨 수를 써서라도 가보는 것이 좋습니다. 어떠한 강연회나 세미나가 당신을 끌어당긴다면, 그곳에는 반드시 당신이 필요로 하는 무언가가 있습니다. 시간이 없다면 시간을 만들어 투자하고, 돈이 없다면 대출을 해서라도 그곳에 존재하는 그 무언가를 확인해 보길 바랍니다.

> **$ 연 수입 10억을 벌어들이려면**
>
> **반드시 가보고 싶은 강좌나 세미나가 있다면, 돈이 얼마가 들든 절대 아끼지 마라!**

진정 소중한 자유는
단 하나,
경제적인 자유가
바로 그것이다.

서머셋 모옴(영국의 작가, 1874~1965)

Millionaire's guide to Learning,
Earning, and Getting rich

28 돈을 잘 쓰면 인생이 바뀐다

동일본대지진 당시 소프트뱅크 손정의 사장은 사재를 털어 100억 엔을 기부하면서 큰 화제를 불러일으켰습니다. 라쿠텐 미키타니 히로시 사장, 유니클로 야나이 다다시 회장도 각각 10억 엔 이상을 기부해서, 비통한 재해 뉴스 가운데에도 한 줄기 빛을 비춰주었지요. 이렇듯 돈을 잘 쓰면 돈은 반드시 좋은 친구를 데리고 자신에게 돌아옵니다. 물론 기부한 사람들이 보답을 바라고 그런 일을 했을 리는 없지만 말입니다.

'거울의 법칙'을 아십니까? 이 세상에서 일어나는 모든 일은 자신의 마음이 반영된 것이라는 사실 말입니다. 똑같은 금액을 쓰더라도 항상 사회를 위해, 다른 사람을 위해 공헌하려고 마음을 쓰는 사람에게는 반드시 이익이 뒤따르게 됩니다. 거울의 법칙이 작용하기 때문이지요.

돈은 일종의 힘입니다. 사회적인 파워이지요. 돈을 원하고 배움을 금전으로 이어지게 하고 싶다는 생각, 공부한 결과를 수입 상승으로 실현시키고 싶다는 마음은 당연합니다. 그 마음은 천박한 것도, 부끄러운 것도 아니므로 당당해도 좋습니다.

정말 중요한 것은 그다음의 마음가짐입니다. 돈을 원하고 손에 넣고 싶다면 언제나 돈을 잘 써야 한다는 점을 유념해야 합니다. 동일본대지진에서는 많은 사람들이 너무나 자연스럽게 재난을 당한 사람들이나 재난 지역의 복구를 위해 스스로 할 수 있는 일을 돕겠다며 한마음으로 움직였고, 휴일에는 도시락을 싸들고 피난지역에 달려오거나 편의점에서 동전을 기부했습니다. 그 결과 돈을 잘 쓰면 형용할 수 없는 행복한 기분이 든다는 사실을 실제 체험을 통해 알게 되었지요.

돈을 잘 쓰는 방법은 기부만이 아닙니다. 배움이나 자신의 향상을 위해 투자하는 것도 돈을 잘 쓰는 방법입니다. 이렇게 쌓여가다 보면 거울의 법칙이 작동해서 기필코 선한 돈을 불러들이게 됩니다. 이 법칙에 예외는 없습니다.

$ 연 수입 10억을 벌어들이려면

돈은 의미 있는 데 사용하면 그 이상의 가치로 돌아온다.

29 인생의 축을 물리적 성공에만 두지 마라

　무일푼에서 시작해서 큰 성공을 거두어 부호가 되는 것이 아메리칸 드림이라고 착각하는 이가 많은 것 같습니다. 미국인이 꿈꾸는 이상적인 인생은 인격이 없는, 그런 삶이 아닙니다.

　저는 뉴욕대학교에서 일본인으로서는 최초로 '임플란트 CDE 프로그램'을 이수했고, 현재는 같은 대학교에서 일본 치과의사가 최고 수준의 임플란트 기술을 배울 수 있는 세미나의 대표 역할을 맡고 있습니다. 그 과정에서 많은 미국 친구들을 사귀었는데, 그들이 꿈꾸는 최고의 인생 비전은 다름 아닌 사회복지를 위해 살아가는 것입니다.

　카네기, 록펠러, 빌 게이츠도 사업을 성공시킨 이후에는 인생의 중심축을 사회복지로 이동시켰습니다. 빌 게이츠는 부모님,

아내와 함께 자선단체를 설립하고 2005년에는 7억 5천만 달러를 기부했지요. 민간인으로서는 세계 최대 규모라고 합니다. 2008년에는 마이크로소프트사 경영과 소프트 개발의 제일선에서 물러났고 그 후에는 자선활동을 중심으로 살아가고 있습니다. 일본에서도 현대화 이전까지는 대지주가 지역의 가난한 인재에게 학자금을 대주면서 진학하도록 돕는 것이 당연시되었다고 합니다.

이렇게 의미 있는 데 쓰일 때, 돈은 진정한 가치를 발휘합니다.

빌 게이츠는 본래 근검절약하는 타입이라고 합니다. 세계에서 제일가는 부호로 명성을 날리면서도 돈을 물 쓰듯 하기는커녕 오히려 근검절약을 게임처럼 즐긴다니 유쾌하기까지 하지요.

"부는 사회에 환원할 것이다."

이렇듯 자신의 꿈을 아무렇지 않게 말할 수 있는 국민성은 위대합니다. 카네기 홀에 들어설 때마다 그 정신을 가슴 가득 채워넣으려고 합니다.

> **$ 연 수입 10억을 벌어들이려면**
> **사회적으로 가치가 있는 꿈을 꾸라!**

30 돈은 존중하는 사람을 따라온다

해야만 하는 일을 즐길 수 있다는 것은 최대의 보수입니다. 저는 어떤 일을 하더라도 즐거움을 느끼곤 하니, 더할 나위 없는 보수를 받고 있는 셈이지요. 그렇다면 돈은 얼마를 받아도 상관없느냐고 물으시는데, 전혀 그렇지 않습니다. 돈은 그 일에 대한 대가로서 주어지는 것입니다.

일을 잘하고 사회로부터 높은 평가를 받는다면 그만큼 많은 돈을 받을 수 있습니다. 조금이라도 더 높은 평가를 받고 싶거나 조금이라도 사회를 위해 이득이 되는 일로 인정받고 싶다면, 일을 통해 얻는 돈에 큰 관심을 기울여야만 합니다. 많은 돈을 벌었다는 것은 그만큼 그 일로 인정받았다는 증거이기 때문이지요.

경영자의 입장에서도 돈은 사용자에 대한 평가입니다. 일을 잘해냈다면 특별 상여금을 주거나 승급을 시켜서 그 공적에 알맞은 보상을 하게 됩니다. 그런 의미에서 저 역시 재산을 늘리고 말고의 문제를 떠나, 일을 하는 이상은 언제나 조금이라도 더 많은 돈을 받을 수 있기를 희망합니다.

돈에는 물건을 사는 것 이상의 힘이 감추어져 있다고 봅니다. 그러므로 돈은 얼마를 받든 상관없다는 생각은 절대 해서는 안 됩니다.

단 한 푼이라도 존중해야 합니다. 그것이 돈에 대한 기본적인 자세입니다.

$ 연 수입 10억을 벌어들이려면

단 한 푼의 돈이라도 존중하라!

부를 경멸하는 사람을
신뢰하지 마라.
부를 얻으려다
절망에 빠진 사람만이
부를 경멸하는 것이다.

프란시스 베이컨(영국 철학자, 1561~1626)

Millionaire's guide to Learning,
Earning, and Getting rich

31 연봉을 더 받고 싶은 것은 죄가 아니다

 돈이 전부라고 말하고 싶지는 않습니다. 하지만 인생에서 돈의 중요성이 무척 높다고 단언할 수는 있습니다. 아니, 그럴 수밖에 없는 것이 현대 사회입니다.

 옛날에는 자신이 먹을 것은 가지고 태어난다고들 말했습니다. 하지만 현대 사회에서는 직장을 잃고 급여가 끊기면 노숙인이 되기도 하고 끼니를 때우기 위해 돌아다니며 배고픔을 참을 수밖에 없게 됩니다. 이렇게 생활하는 이상 그 누구도 높은 뜻을 품을 수 없습니다.

 개발도상국을 방문하면 초등학교에 가 있어야 할 애매한 연령대의 아이들이 관광객에게 동전을 달라고 조르거나 싼 토산품을 사라며 고사리 같은 손들을 내밀며 다가오지요. 이 아이들에게서 밝은 미래를 기대하기는 어려울 겁니다.

　빈곤이 두려운 건, 그것이 세대를 넘어서 후대에 이어지기 때문입니다. 가난한 부모는 자녀를 만족스럽게 교육시킬 수 없고, 충분히 교육받지 못한 아이들은 가난의 굴레에서 쉽사리 빠져나올 수 없게 됩니다. 현대사회에는 계급이 존재하지 않지만, 빈곤은 연쇄적으로 계승되며 발목에 보이지 않는 족쇄를 채웁니다.

　흔히 돈을 입에 담는 것은 천박하다거나 품위가 없다며 경시하는 풍조가 있는데, 이해하기 힘듭니다. 물론 돈이 전부라 여기고 악착같이 매달리는 것은 문제가 있습니다. 그러나 돈이 소중하다는 사실을 인정하고 돈을 좋아하며 돈을 원한다고 솔직하게 말하면서 행동에 옮기는 것은 정직한 자세입니다. 이런 정직함은 잠재의식에 좋은 인상을 심어주게 됩니다.

　소망이 좋은 모양새로 잠재의식에 이식되면, 그 소망을 실현해줄 수 있는 돈이 반드시 수중에 들어옵니다. 그러므로 돈에 대해서는 더욱 솔직하게 행동할 필요가 있습니다.

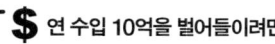

$ 연 수입 10억을 벌어들이려면

돈에 대한 욕구에 솔직해져라!

32 진정한 풍요를 아는 것은 자신에 대한 선행투자이다

루브르 박물관의 요직에 종사하는 직원 가운데는 귀족 가문이나 세계적인 부호 집안 출신이 많다고 합니다. 샤넬이나 에르메스의 직원도 원칙적으로 가문이나 부의 혜택을 받은 환경에서 자란 사람들이라고 하지요.

풍요로움은 수입의 액수나 예금 잔고로 측정할 수 있는, 그런 얄팍한 것이 아니라는 이야기입니다. 어렸을 때부터 진품 그림을 보고 자란 사람은 그림의 본질을 본능적으로 자연히 감지해낼 수 있게 되고, 최상급 물품을 접하며 자라나면 진정 고급스러움이 몸에 배게 됩니다.

일본에서는 명품이 졸부의 취미로 치부되는 경향이 있지만, 원래 일류 명품의 진수는 보다 심오합니다. 명품 매장에 있는 물건은 진품일 뿐 아니라 응대하는 점원도 세련된 매너와 대화 기술을 익히고 있지요. 우리 사회는 명품에 대한 욕구를 폄하하는 경향이 있는데, 저는 그것이 단순히 소비가 아닌 자신에 대한 투자 개념이라면 좋다고 생각합니다. 세련된 직원들을 접하고 그런 명품을 걸침으로써 풍요로움이 무엇인가를 스스로에게 각인시키고 한 단계 향상할 수 있으니까요.

교토에는 지금도 '처음 오신 손님은 받지 않습니다'라고 하는 가게가 있다고 합니다. 그런 가게 중 하나로 미슐랭가이드에서 세 개의 별을 받은 어느 음식점 사장이 잡지 인터뷰 때 이런 이야기를 했지요.

"단골손님 소개로 온 분 중에도 다시는 오지 않았으면 하는 손님이 있습니다."

일류 가게란 바로 이런 것입니다. 가게도 손님을 선별하는 법이지요.

무리하게 돈을 써서 명품을 사거나 고급 음식점에 다니라는 뜻이 아닙니다. 다만 일 년에 몇 차례라도 경험해보는 것은 좋지 않을까요.

한편, 비싼 명품이 아니라도 진정한 기품을 풍기는 뛰어난 물건도 많습니다. 그것은 수십 년 같은 직종에 종사한 장인의 작품일 수도, 젊은 아티스트가 벼룩시장에 들고 나온 세상에 단 하나뿐인 작품일 수도 있습니다. 그 안에서 가치를 발견하고 구매

하는 것, 그 또한 소비를 넘어서 물건이 지닌 가치에 투자하는 행위라 할 수 있습니다. 그런 행위를 통해 자신만의 풍요로움과 품위가 조성됩니다.

　루브르 박물관에 가지 못해도 좋습니다. 요즘은 진품 그림을 감상할 수 있는 전시회가 많을뿐더러, 골목 곳곳에 갤러리가 들어선 동네도 있어 마음만 먹으면 충분히 문화를 즐길 수 있습니다. 이렇게 가치소비, 그리고 문화와의 접점을 되도록 늘려가면서 진정한 풍요로움을 자신의 것으로 만들어가야 합니다. 진정한 풍요로움이란 바로 가치와 여유를 즐기려는 의지와 행위에서 비롯됩니다.

> **$ 연 수입 10억을 벌어들이려면**
> **풍요로움과 품위를 가지면 돈은 자연히 따라온다.**

33 흔들림 없는 평가기준을 마련하라

　미슐랭가이드에서 최고점인 별 세 개를 받은 음식점이 가장 많은 나라는 어디일까요? 당연히 프랑스라고 생각하겠지만, 사실은 일본입니다. 일본은 전 세계적으로 유명한 미식가 대국입니다.

　'먹을 복'이라는 단어가 말해주듯, 맛있는 것은 사람을 행복하게 해줍니다. 행복한 기분은 잠재의식에 좋은 영향을 주어서 그 힘을 최대한 활용할 수 있게 되지요.

　때로는 미슐랭가이드의 별이 매겨진 레스토랑에서 먹을 복을 만끽하는 체험도 해볼 만합니다.

　예를 들어, 처음으로 별 세 개 레스토랑에 갔다고 해봅시다. 대부분 레스토랑의 고급스러운 분위기, 뭐니 뭐니 해도 미슐랭 별 세 개를 받은 곳이라는 사실에 기가 죽어서 "과연 별 세 개짜리 레스토랑이네"라며 감격할 것입니다. 하지만 별 세 개 레스토랑에서 식사하는 경험을 거듭 하게 되면 "별 세 개라고 해서 반드시 최고의 서비스를 제공한다고는 할 수 없군", "별 세 개라고 하는데, 이 앞에 별이 없는 식당이 요리랑 서비스도 더 낫네!"라는 판단을 할 수 있게 됩니다. 별에 현혹되지 않고 자신의 눈과 혀로 진품을 꿰뚫어볼 수 있게 되는 것입니다.

이처럼 나름대로 고급이라는 레스토랑에 가서 자신의 기준으로 요리와 서비스를 즐길 수 있게 되는 것, 그것이야말로 진정한 사치를 알게 되는 기쁨이라 할 것입니다.

그 누구의 평가에도 현혹될 필요가 없습니다. 최종적인 평가는 스스로 내리는 것입니다. 어떤 경우라도 세간의 평가에 영향을 받지 않는, 흔들림 없는 자신이 되십시오.

$ 연 수입 10억을 벌어들이려면

스스로 납득할 수 있는 삶을 살아라!

34 돈과 지식은 사용할 때 생명을 얻는다

 풍요로운 사람을 부자라고 하는데 돈을 소유하고 있는 것만으로는 아무런 의미도 없습니다. 만 엔짜리 지폐를 가지고 있다 해도 그저 종잇조각일 뿐이지요. '만 엔의 가치'를 가지는 것은 그 지폐를 사용했을 때뿐입니다.
 은행계좌에 집어넣은 돈은 각인된 숫자에 불과합니다.
 일본은 무역흑자국인데다 국민의 장롱예금이 84조 엔에 이르니 경제 대국이라는 믿음이 있는 것 같습니다.
 하지만 유럽 거리를 걷다 보면 100년이나 200년 전, 세계의 바다를 지배했을 당시에 거두어들인 돈으로 탄탄한 도시기반을 조성해두었다는 사실을 통렬히 느끼게 됩니다. 런던의 도심지, 파리의 개선문에서 오페라극장으로 통하는 골목, 장대한 석조

건물이 늘어선 베를린의 대로…….

 더구나 사람들의 풍요로운 라이프 스타일을 보면 그들이 사용했던 돈이 지금도 살아 숨 쉬고 있다는 사실을 절실히 느낄 수 있습니다. 부유층은 부유층대로, 경제적으로 여유가 없는 세대는 그 세대 나름대로 매일 느긋하고 풍요롭게 살아가는 정신적인 습성을 지니고 있지요.

 돈은 사용해야만 살아있는 것이 됩니다. 그리고 돈이 살아있다는 증거가 축적되었을 때, 비로소 진정한 풍요로움이 찾아옵니다.

 지식도 마찬가지입니다.

 대학만 졸업하면 취직이 보장되고, 그 취직자리가 평생 직장이었던 예전과는 달리 지금은 너나 할 것 없이 생존을 위협받는 시대가 되었습니다. 위기의식을 느낀 사회인들이 지푸라기라도 잡는 심정으로 외국어 공부니 자격증 공부니 하는 것에 뛰어든 결과, 이제 학습은 비단 학생들만의 전유물이 아닙니다.

 생애에 걸친 배움이 일반화된 것은 반길 일이지만, 배움의 목적을 상실한 채 머릿속에 지식을 사장시키는 공부를 한다는 것이 문제입니다. 외국어를 배우고 자격증을 취득했다면 서류상에 한 줄 추가하는 것으로 만족할 것이 아니라 적극적으로 사용해야 합니다. 지식을 자산으로 만들어야 합니다. 교양 공부에 열심히 라면 그것을 자신의 품위로 체화하고, 능력계발 공부를 시작했다면 적극적으로 실행해 자신의 잠재력이 수입을 빚어내는 광경을 목격해야 합니다. 그저 책 읽고 강좌를 듣고 시험을 치렀다고 부지런히 살았다며 만족해서는 안 됩니다. 배움을 통해 자신의 부가가치를 높이는 그다음 단계로 나아가야 하는 것입니다.

미국 제일의 부호이기도 한, 세계적으로 유명한 투자가 워런 버핏은 '가치란 물건을 살 때 벌어들이는 것'이라 했습니다. 돈을 씀으로써 자신에게 들어온 가치를 이용해 다시 새로운 부를 벌어들이는 것, 지식이 가져다준 부가가치를 통해 부의 선순환을 일구어내는 것, 그것이 진정 풍요로워져 가는 리드미컬한 사이클입니다.

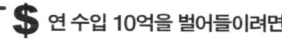

$ 연 수입 10억을 벌어들이려면
자신이 가진 돈과 지식을 이용해 부의 리듬을 만들어라!

가격이란
물건을 살 때
지불하는 것.
가치란
물건을 살 때
벌어들이는 것.

워런 버핏(미국 투자가, 1930~)

Millionaire's guide to Learning,
Earning, and Getting rich

Millionaire's guide to Learning,
Earning, and Getting rich

4
인간관계의 90%는 사람공부로 해결된다

35 맞지 않는 사람과는 무리하지 마라

인생의 질을 결정하는 가장 큰 요인은 인간관계라 해도 과언이 아닐 것입니다. 좋은 인간관계를 유지하는 방법이나 태도를 설파한 책이 무척이나 많지요. 다른 사람과 잘 지내기 위한 대화술이나 누구에게나 호감 받는 사람이 되는 마음 씀씀이, 행동거지를 가르쳐주는 책도 연이어 출간되고 있습니다. 그만큼 인간관계로 고민하거나 인간관계를 잘 맺고 싶은 사람이 많다는 증거겠지요.

하지만 저는 그런 생각을 가져본 적이 전혀 없습니다. 좀 더 분명히 말하자면, 모든 사람과 잘 지내거나 누구에게도 미움을 받지 않는 건 불가능하다고 생각합니다.

주위의 모든 사람과 잘 지내야 한다거나 그 누구와도 원만하게 지내는 것이 인간관계를 잘하는 거라는 판단은 완전히 잘못된 것 아닐까요?

카네기는 상대하기 싫은 사람과 어떻게든 가까워지려는 것은 쓸모없는 일이며 그런 일에 단 1분이라도 인생의 시간을 할애할 가치가 없다는 사고방식을 가진 사람입니다. 기본적으로 저는 카네기와 생각이 같습니다.

이 세상에는 수억 수천만의 사람이 있습니다. 어딘지 모르게 위화감을 느끼는데도 필사적으로 잘 지내려고 신경을 곤두세워야 할 정도라면, 그와는 최소한의 접촉으로 그치고 새로운 만남을 기대하는 것이 훨씬 좋은 결과를 얻을 수 있습니다. 서로 마음이 맞는다는 표현처럼, 많은 사람들 가운데에는 어쩐지 잘 맞는 사람이 있는가 하면 싫지 않은데도 기분이 썩 내키지 않는 사람도 있습니다. 그것은 당연한 현상입니다. '이 사람과는 잘 맞네'라고 느껴지는 사람, 함께 있으면 그것만으로도 즐겁고 기분이 좋아지는 사람, 되도록 그런 사람과 많은 시간을 가지면 그만입니다.

주위의 사람들과 두루두루 잘 지내려고 하면 항상 긴장하게 되고 스트레스는 한없이 늘어나게 됩니다. 무리해서 그런 인간관계를 지속하려고 애쓸 필요는 없습니다.

인생은 선택의 연속입니다. 인간관계에서도 그 원칙은 적용됩니다. 모든 사람과 잘 지내기 위해 신경을 곤두세울 것이 아니라 나와 잘 맞는다고 느껴지는, 스스로 선택한 사람과 마음을 다해 성심성의껏 응대하며 지내는 것이 좋습니다. 자신에게 기분 좋은 선택을 한다면 편안하고도 행복한 인생이 될 것입니다.

> **$ 연 수입 10억을 벌어들이려면**
> 모든 사람과 잘 지낼 필요는 없다는 것을 알라.

우리는
성자와 달라서
자신의 적을
사랑하기란
힘들지 모른다.
그러나
우리 자신의
건강과 행복을 위해
조금이라도
적을 용서하고
잊기로 하자.

대일 카네기(미국 자기계발가, 1888~1956)

Millionaire's guide to Learning,
Earning, and Getting rich

36 나와 잘 맞는 사람을 알아내는 법

　닛산 자동차의 카를로스 곤 사장은 단 몇 분만 함께 있어도 그 사람이 어느 분야에 소질을 가졌는지 분명히 파악할 수 있다고 합니다. 어떻게 그런 일이 가능할까요? 그는 이렇게 말합니다.
　"대단히 주관적이기는 하지만, 그 사람이 하는 말이 재미있는지 아닌지, 다시 말해서 저 자신이 그 사람에게 끌리는가 끌리지 않는가를 봅니다. 집중할 수 있는 사람인지 아닌지를요."
　사회적인 지위와는 상관없이, 어쩐지 끌리는 사람인가 아닌가를 생각해보십시오. 그리고 그런 사람을 선택해서 사귄다면 인간관계에서 느끼는 괴로움을 현격히 줄일 수 있을 것입니다.
　이 세상의 모든 것은 궁극적으로 '파동'으로 치환될 수 있습니다. 개개인은 각기 다른 종류의 파동을 지니고 있지요. 인간관계가 다다르는 종착점은 결국 파동의 궁합이 기본입니다. 진심으로 끌리는 사람은 자신과 파동이 잘 맞는 사람, 즉 함께할 때 시너지 효과를 낼 수 있는 사람이라 봐도 무방합니다.

파동이 맞는지 안 맞는지를 알아보는 간단한 방법이 있습니다. 같이 있는 시간이 길게 느껴지는가 짧게 느껴지는가를 살펴보십시오. 이를 기준으로 삼으면 틀림없습니다. 똑같은 한 시간이라 해도 애인과 함께 있는 것과 지지리도 따분한 회의로 보내는 한 시간은 심리적으로 그 차이가 무척 큽니다. 사회적으로 성공했고 사람도 좋아 보이지만, 어쩐지 함께 있는 자리가 어렵고 불편하게 느껴진다면 그는 당신과 파동이 맞지 않는 사람입니다. 반대로 몇 번 본 적 없는 사람인데도 이야기를 나눠보니 주거니 받거니 말이 잘 통한다면, 별다른 이야기를 나누지 않았는데도 문득 시계를 봤을 때 "벌써 시간이 이렇게 됐나" 느껴진다면 당신과 잘 맞는 사람이라 하겠습니다.

이야기가 얼추 끝났는데도 조금 더 대화를 나누고 싶은 사람도 파동이 맞는 사람입니다. 그런 비즈니스 파트너나 친구가 있다면, 그 밖의 많은 사람과 힘들여가면까지 잘 지낼 필요가 없습니다.

되도록이면 자신에게 진정 소중한 사람, 파동이 맞는 사람과 많은 시간을 보내십시오. 그것이 진정한 의미에서 인간관계를 잘 맺는 방법입니다.

가끔 누군가를 만난 순간 '이 만남을 기다렸어'라고 느껴지는 경우가 있지요. 저도 항상 그런 만남을 거듭 만들어가고 있습니다. 특히나 잠재의식의 존재를 분명히 인식한 후부터 이런 만남이 급격히 늘어나고 있음을 실감합니다.

> **$ 연 수입 10억을 벌어들이려면**
> **파동이 맞는 사람과 사귀어라.**

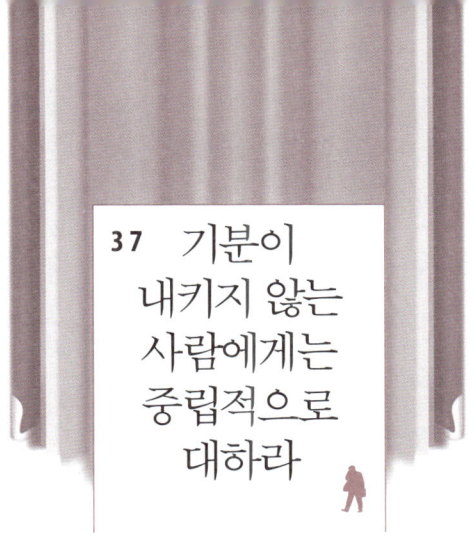

37 기분이 내키지 않는 사람에게는 중립적으로 대하라

회사원이나 공무원처럼 조직에서 일하고 있다면, 잘 맞지 않는 사람을 피하는 태도로 일관하기 어려울 겁니다. 더구나 매일 마주치며 함께 일해야 하는 직속 상사나 부하직원과 매끄럽지 못한 사이라면 무척 곤혹스럽겠지요.

제게도 잘 맞지 않는 사람과 프로젝트를 진행했던 경험이 있습니다. 그런 경우에는 상대를 무조건 부정하지 않도록 주의하는 것이 좋습니다. 연애는 '좋고 싫음'으로 모든 것이 결정되지만, 업무처럼 사회적인 관계는 '좋지도 싫지도 않은' 관계성이 성립될 수 있습니다.

성인끼리의 관계이므로 중립적인 심정으로 상대와 마주할 수 있을 겁니다. 그렇게 중립적으로 눈앞에 놓인 일을 진행하면서 상대의 개성과 특징적인 능력을 발견하고 그 부분에서 타협점을 찾아가면 됩니다. 상대는 상대의 일을, 나는 나의 일을 한다는 생각으로 응대하십시오. 중립적인 자세를 유지하면 감정이 개입할 여지가 거의 없기 때문에 담담하게 일을 추진할 수 있게 됩니다.

때로는 약점을 건드리거나 일부러 불합리하게 처리하는 식으로 도발해오는 사람도 있을 수 있습니다. 그럴 때는 그냥 나와는 파동이 맞지 않는 사람이라고 여겨버리는 것이 마음 편합니다. 상대도 어쩐지 당신과는 잘 맞지 않는다는 걸 느끼기에 그런 식으로 행동하는 것입니다.

신기한 것은, 이처럼 오히려 편하지 않은 상대와 함께 일을 해야 할 때 잠재의식의 존재를 실감하게 된다는 사실이지요. 인간관계에 한해서는 불편한 상대를 극복하려 하기보다는 되도록 신경 쓰지 않기를 권합니다.

$ 연 수입 10억을 벌어들이려면
잘 맞지 않는 사람과는 중립적인 관계를 유지하라.

이 세상에는
완전무결한 것도 없고
전혀 쓸모없는 것도 없다.
우리의 부모에게도,
친구에게도 결점이 있고
우리가 증오하고 싫어하는
사람에게도 장점은 있다.

니토베 이나조(일본 교육가, 1862~1933)

Millionaire's guide to Learning,
Earning, and Getting rich

38 운이 좋은 사람과 함께 있는 것만으로도 운이 좋아진다

'배움'을 통해 좋은 운을 만들어가는 것은 대단히 중요한 일입니다. 확연히 드러날 만큼 확실하게 운을 좋게 만들어주며 게다가 간단하기까지 한 방법이 있습니다. 바로 운 좋은 사람과 함께 있는 것입니다.

각종 세미나에서 잠재의식에 대해 배우고 능력계발과 잠재의식 세미나 강사를 하게 되면서, 운이 좋은 사람을 만날 기회가 많아졌습니다. 그에 따라 제 운마저 부쩍 좋아지고 있음을 느낍니다. 불과 얼마 전에도 대단히 운이 좋은 사람이라고 누구나 인정하는 난부 게이지 씨를 만날 기회가 있어서 인사도 하고 악수까지 했습니다.

운이 좋은 사람과 같은 공기를 마시는 것만으로도 그 기운을 나누어 받을 수 있으므로, 되도록 악수나 하이파이브, 포옹 등을 통해 그 사람의 체온과 맥박을 느끼는 것이 좋습니다. 그 사람의 존재 자체를 느끼고 기운의 파동을 자신의 파동과 공명시키도록 해보십시오. 그렇게 하면 마치 그가 '빙의'된 것처럼 동일한 수준의 운으로 높아질 수 있습니다.

'좋은 운'을 주제로 한 강연이나 세미나 활동을 펼치고 있는 난부 게이지 씨는 대형 인재파견회사인 파소나의 창업자로 잘 알려진 난부 야스유키의 친형으로, 형제가 모두 큰 성공을 이룬 것으로 유명합니다. 게이지 씨는 항상 "운은 궁합이 맞는 사람과 연동한다", "운은 가지고 있는 사람에게서 끌어모으는 것"이라고 강조하며 자신의 좋은 운을 그것이 필요한 사람들에게 나누어 주려는 사명감으로 활동하고 있습니다.

어째서 운을 나누어 주려는 것일까요? 그 이유는 자신이 젊은 시절에 성공을 이룩한 사람, 승리한 사람을 우연히 만나 그로부터 강한 운을 받았고 그것을 끌어모은 결과, 젊은 사업가로서 큰 성공을 거둘 수 있었기 때문이라고 합니다.

그가 주장하는 성공의 첫 번째 조건은 바로 이것입니다.

"스스로 운이 좋다고 자각하는 것이다."

앞서도 밝혔듯이 저도 역술가에게 보기 드문 좋은 운을 타고 났다는 이야기를 들었고, 그것을 증명이라도 하듯 이제까지 제 인생은 바라던 대로 펼쳐져 왔습니다.

결국, 가지고 태어난 좋은 운에 난부 게이지 씨의 좋은 운이 더해져 몇 곱절이 된 것이지요.

그와 악수한 바로 그날, 호텔로 돌아와 온라인 서점인 아마존 Amazon을 확인했더니 제 책이 1위로 올라와 있었습니다. 새로운 책을 내면 얼마간은 매일 아마존에서 순위를 확인합니다. 아마존에서 1위가 되면 매장에서도 베스트셀러에 진입하는 경우가 많기 때문이지요.

그 책은 이후에 비즈니스 서적이 진입하기 힘든 종합서적 분야의 베스트셀러가 되었고, 오사카의 대형 서점에서는 화제를 불러일으켰던 스티브 잡스의 책을 젖히고 1위에 오르는 파죽지세를 보여주었습니다.

물론 출판사와 담당 편집자를 비롯해 책을 출간하는 데 관련된 여러 명의 힘이 집대성된 결과이므로 감사하고 있지만, 한편으로는 난부 씨와 공명, 공감함으로써 운이 더욱 좋아지고 강해진 결과이기도 하다고 확신합니다. 성공한 사람의 강연회에는 적극적으로 참가해서 그 운을 공유하는 것이 좋습니다.

> **$ 연 수입 10억을 벌어들이려면**
> **운이 좋은 사람에게 다가가라.**

39 '웃는 얼굴' 커리큘럼

"선생님은 미소가 정말 멋지세요"라는 칭찬을 자주 듣습니다. 그 어떤 칭찬보다 기쁘고, 그런 말을 들으면 더욱더 웃는 얼굴로 다니려고 노력합니다. 이러한 제 미소는 타고난 것이 아니라 '배움'을 통해 연마해낸 것입니다.

미국의 어느 비즈니스 스쿨에서는 전 과정의 마지막에 '웃는 얼굴'이라는 커리큘럼을 포함시킨다고 합니다. 어느 외국계 회사 사장이 쓴 책에서 이런 사실을 접한 후로는 좋은 인상을 줄 수 있도록 미소 짓는 방법을 공부했습니다.

웃는 얼굴을 보면 그 사람의 성품이나 지성을 알아볼 수 있습니다. 저도 최고의 성품과 최고의 지성을 지닌 미소를 익히겠다는 목표로 지금도 날마다 웃는 얼굴을 연습하고 있습니다. 매일 아침 면도하려고 거울을 볼 때마다, 거울에 비친 자신을 향해 마음 속 깊이 애정을 담아 깊고도 온화하게 웃어봅니다. 이것이 미소를 연마하는 트레이닝 방법입니다.

　미소는 짓고 있지만 눈은 웃지 않는 경우를 자주 접하게 됩니다. 형식은 갖추고 있지만 마음이 담겨있지 않은 미소의 전형이지요. 그런 미소라도 짓지 않는 것보다는 낫습니다. 하지만 한 걸음 더 노력해서 눈과 마음마저 웃을 수 있도록 미소를 진화시켜보십시오. 상대의 잠재의식에 미소를 던지는 겁니다. 그런 마음을 가지면 눈에도 미소가 담길 겁니다.

　웃는 얼굴과 "감사합니다"라는 말은 태양에도 맞먹을 수 있는, 모든 에너지의 원천입니다. 오늘도 멋진 미소와 감사하다는 인사를 잊지 맙시다. 상대가 없어도 괜찮습니다. 문득 거울이나 쇼윈도에 비친 자신의 모습을 향해 미소와 감사를 보내는 것도 좋습니다. 메일이나 문자메시지 등에도 그러한 마음을 담습니다. 제 블로그에 쓰는 모든 글의 끝은 감사하다는 말로 맺고 있습니다.

$ 연 수입 10억을 벌어들이려면

진심이 담긴 웃음, 환한 미소를 연습하라.

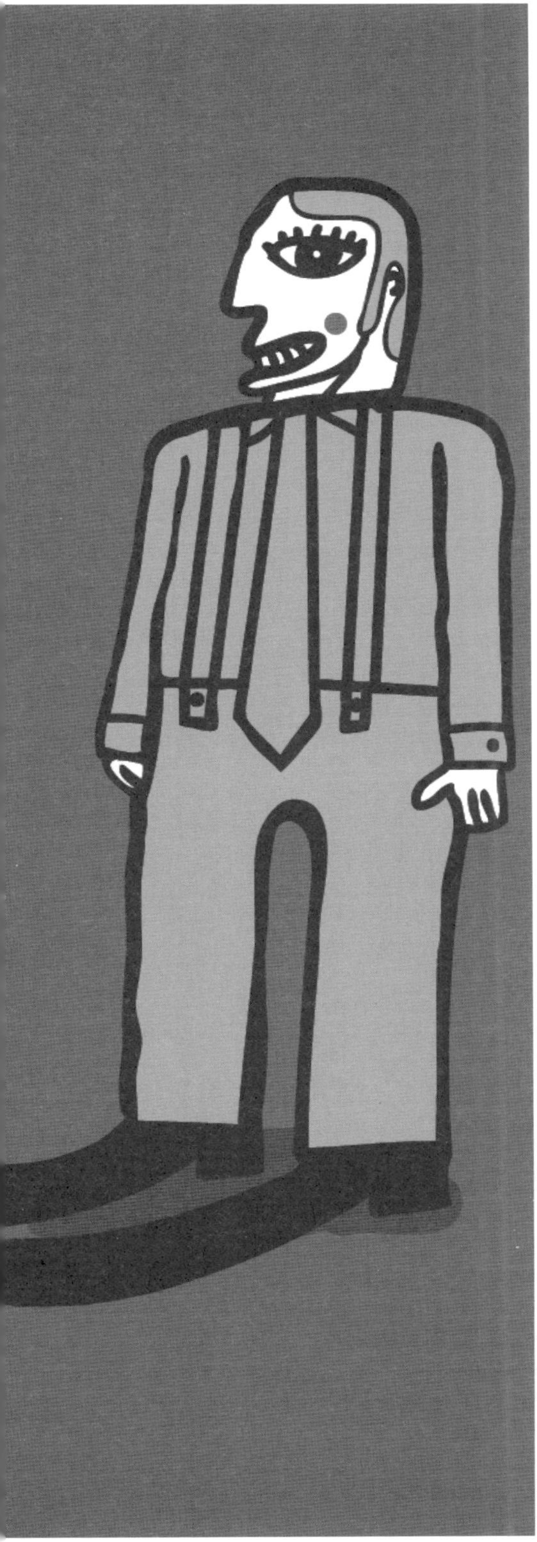

미소는 본전이 필요 없다.
그런데도 이익은 막대하다.
맘껏 주어도 줄지 않고
받으면 풍요로워진다.
일순간의 미소만으로도
그 기억은 영원으로 이어진다.

데일 카네기(미국 자기계발가, 1888~1956)

Millionaire's guide to Learning,
Earning, and Getting rich

40 기를 쓰고 인맥을 만들 필요는 전혀 없다

"인맥 만들기가 중요하다." 어느 비즈니스 서적을 펼쳐보아도 이런 말이 적혀 있습니다. 하지만 저는 인맥을 만들어본 적이 없습니다. 파티에 가더라도 명함 교환은 하지 않습니다.

파티에서 명함 다발을 들고 분주하게 명함을 교환하는 사람들을 자주 봅니다. 그러나 파티에서 만난 사람들과 훗날 비즈니스를 함께하는 경우가 있을까요?

지인에게 물어보아도 "아니, 없지"라는 대답이 대부분입니다. 그런데도 명함 교환에 여념이 없는 것은 인맥을 열심히 만들어야 한다는 강박관념 같은 것 때문이겠지요.

특별히 인맥을 만든 적이 없는데도 불구하고 저는 사람 복이 빼어나게 좋습니다. 만나 봤으면 하는 사람과는 어떻게든 반드시 만날 수 있었고, 한두 번의 만남만으로도 완전히 마음이 통해서 큰 프로젝트를 함께하게 된 경우도 많았습니다.

'업무에 도움이 되는 사람과 알고 지내고 싶다', '인맥을 만들어야지'라는 생각이 앞서있는 상태에서 명함을 주고받더라도 남는 것은 이해관계라는, 감동이 없는 인간관계뿐입니다.

저는 인성을 높이고 싶다는 생각으로 배움을 지속할 뿐이며, 그 배움의 과정 중에 다른 사람에게 도움을 줄 수 있다견 그것을 나누고 싶다는 생각이 있을 따름입니다. 딱히 출판사 인맥을 만들어놓은 것이 아닌데도, 책을 출간하고 싶어지자 우연히 출판사 관계자와 만나게 되었습니다. 이후 자기계발 세미나의 강사가 되어달라는 요청도 받게 되었지요.

이런 경험에서 기를 쓰고 인맥을 만들려 해서는 안 된다고 생각합니다. 자신을 갈고닦아나간다면 필요한 사람과는 자연히 만나게 된다고 확신합니다. 인맥을 쌓기 전에 '나다움'을 먼저 갖춰놓으면, 나를 필요로 하고 나란 사람 자체에 관심을 가지는 사람들이 다가옵니다. 반면 명함은 이름이 찍힌 종잇조각에 불과합니다.

 연 수입 10억을 벌어들이려면

시간을 허비하며 강박적으로 인맥을 만들지 마라.

41 하기 싫은 일을 하지 않고도 인간관계를 쌓아가는 방법

저는 술을 마시지 않습니다. 아니, 못 마십니다. 사회인이 되고 난 이후의 배움을 방해하는 가장 큰 요인은 술입니다. 물론 학생 시절부터 그랬지요. "아이고, 어제는 나도 모르게 과음을 했어"라고 머리를 긁적이며 예정대로라면 전날 밤에 끝냈어야 할 과제에 다음 날이 되도록 필사적으로 매달려있는 동료들의 모습을 보아왔습니다. 잠시 한 잔 정도만 마시자고 해놓고 정신 차려 보면 한밤중이 되어있기도 하지요. 잔뜩 마시고 집에 돌아오면 침대에 쓰러져서 자는 것이 고작입니다. 때로는 배움에 썼어야 할 아르바이트비를 완전히 알코올과 바꿔버리는 경우마저 있습니다. 그런 경험을 가진 분이 있을 겁니다.

술을 못 마셔서가 아니라 대학에 들어갔을 무렵부터 '무리 속에 끼어있어서는 안 되겠다'는 생각을 하기 시작했습니다. 보다 넓은 시야로, 세계적인 치료를 담당하는 그런 치과의사가 되고 싶다는 생각을 했던 거지요.

의료의 기본은 지역의 환자를 대하는 것입니다. 지역의료에 헌신하는 것은 그런 의미에서 무척 중요한 일입니다. 하지만 거기에 만족해서는 도약할 수 없습니다. 무리 속에 매몰되어 있는 한 그곳에서 빠져나올 수 없는 것입니다. 그렇게 해서 나온 결론이 '무리에서 뛰쳐나오자'였습니다.

하지만 대학원에서 박사 학위를 받아야 했고, 주변의 인간관계 역시 무시하거나 망쳐버릴 수 없었지요. 조직에 몸담고 있으면 인간관계와 자신이 하고 싶은 일을 어떻게 양립시킬지가 무척 큰 과제가 됩니다.

그렇더라도 거절해야 하거나 구분해야 할 일에는 냉정하게 대처해야 합니다. 이것이 제가 찾아낸 조직과 개인이 양립하는 규칙이었습니다.

일례로 대학원 시절 정해진 시간보다 늦게까지 남아 있는 경우, 연구에 전념하기보다는 많은 시간을 별의미 없는 담소나 푸념, 소문 이야기로 허비하는 때가 많았습니다. 그런 시간이 너무 아까웠기에 정시에 퇴근했고, 덕분에 남은 시간은 완전히 공부에 할애할 수 있었습니다. 아침 시간은 반대로 연구에 완전히 쓸 수 있었지요. 이른 아침에는 아무도 연구실 기기를 사용하지 않았으므로 저만의 속도에 맞춰 연구를 진행할 수 있었습니다. 이렇게 다른 사람보다 일찍 출근한 결과, 모두 출근할 무렵이면 이미 한 가지 연구를 끝내놓은 상태가 되었습니다.

자연히 오후 시간에는 언제나 여유가 있었고 모두 함께 즐기는 휴식 시간에 웃는 얼굴로 대할 수 있었습니다. 신년회나 학기 말 사은회가 있으면 그 모임 일주일 전부터 아침 출근 시간을 더 앞당겼고 점심시간도 공부에 할애해서, 모임이 있는 날 전까지 모임으로 인한 손실을 미리 보충해두었습니다.

인간은 항상 선택을 하면서 살아갑니다. 다른 사람과의 교제와 스스로 해야만 하는 일을 어떻게 선택하고 분배할 것인가? 이 또한 냉철한 선택이 요구되는 인생의 문제입니다. 저는 망설임 없이 무리로부터 빠져나오겠다는 결정을 내렸습니다. 하지만 중요한 교제나 사교는 철저히 즐겼지요. 단, 너무 늘어지지 않는 범위 내에서 말입니다.

자신의 속도를 지키는 동시에 인간관계를 최소한으로 유지할 수 있을 만큼의 시간은 확보해야 합니다. 10여 명의 대학원 동료 가운데 이런 생활방식을 유지했던 사람은 저 하나였습니다. 그렇지만 제게는 신념이 있었기 때문에 주변 사람들도 "저 녀석은 뭔가 달라"라며 인정해주었지요.

인생은 자기 자신의 것입니다. 확신을 가지고 자기 방식을 유지해 나가면 주변 사람들도 언젠가 인정해주게 됩니다.

사교가 중요하고 인간관계가 중요하다는 사실은 알고 있습니다. 하지만 그것에 휘둘린 나머지 그보다 더 중요한 일을 할 시간과 에너지를 낭비해서는 안 됩니다. 또한 그것이 공부를 방해하는 요인이 되어서는 안 되며, 공부할 시간이 없는 이유가 될 수는 없습니다.

> **$ 연 수입 10억을 벌어들이려면**
> 무리에서 빠져나와 자기 방식으로 살아가라.

42 경쟁에서 기쁨을 찾아라

　여러분에게는 호적수(好敵手)이라고 할 만한 상대가 있습니까? 호적수란 단순히 같은 분야에서 경쟁하는 라이벌, 그 이상의 존재입니다. 서로 어깨를 겨루며 좋은 영향을 주고받는 상대, 말 그대로 '좋은 적수'이지요. '호적수는 연인보다 가깝다'는 말이 있듯이, 자신과 비등한 수준에 오르기까지 상대가 겪었을 노고를 누구보다 잘 알기에 비록 경쟁 관계에 있더라도 진심으로 이해하는 동료가 될 수 있는 것이 바로 호적수입니다.

　저는 이제까지 호적수다운 호적수를 가져본 적이 없습니다. 주위 사람과 경쟁하려는 마음을 가져본 적이 거의 없고, 항상 제 나름의 목표를 정하고 그것을 향해 매진해왔기 때문이지요.

　그렇지만 자기계발에 관련된 배움을 이루어나가면서 같은 길을 가는 이들과 만날 기회가 늘었고, 그런 분들이 멋지다고 느끼면 느낄수록 조금이라도 가까워지고 싶고 따라가고 싶은 일종의 경쟁심을 가지게 되었습니다. 물론 그런 분들을 호적수라 부르는 것은 주제넘은 짓이고 실례가 될지 모릅니다. 하지만 마음속으로나마 호적수라 여기며 자기 고양을 위한 지표로 삼고 있습니다.

만일 무엇인가를 필사적으로 배우고 싶다면 호적수의 존재는 더할 나위 없는 좋은 자극이 됩니다. 배움에 지치거나 다른 데에 정신을 빼앗길 것 같은 경우에도 '이러는 사이에도 호적수는 배움을 이어가겠지'라고 생각함으로써 게으름에 제동을 걸 수 있지요. 또한 좋은 호적수가 있으면 배움의 속도를 한층 높일 수 있습니다.

이는 성인의 배움과 관련해 피할 수 없는 진실이라고 생각합니다. 등산애호가 중에는 홀로 가는 유형과 여럿이 함께 가는 유형이 있다고 합니다. 혼자서 정상을 향해 묵묵히 올라가는 사람도 있지만, 서로 격려하며 같이 높은 곳을 올라가면 기쁨도 배가 될 것입니다.

> **$ 연 수입 10억을 벌어들이려면**
>
> **배움의 수준과 속도를 높일 수 있는 호적수를 찾아라.**

43 그저 감사하고, 오로지 감사하라

배움을 지속할수록 저 자신이 미력한 존재임을 깨닫게 됩니다. 인간이 가진 무한한 가능성에 감탄하고 제게도 그것이 있다는 사실에 가슴이 뛰면서도, 한편으로 그러한 잠재능력을 과연 얼마나 사용하고 있으며 남에게 도움이 되고 있는가 돌이켜 보면 새삼 겸손해집니다.

무한한 가능성은 내 안에 이미 있는 것이지만, 그것을 발견하고 발휘하기 위해서는 결국 앞서 간 많은 이들의 도움과 또 현재 나를 도와주고 있는 사람들의 지지에 의존할 수밖에 없습니다. 나폴레온 힐, 데일 카네기, 조셉 머피 등의 선구자가 없었다면 저는 진정한 배움에 도달하지 못했을 것입니다. 또한 믿고 맡길 수 있는 병원직원들과 전문가들의 지원이 아니었다면 지금의 저는 없었을 것입니다.

 그래서 저는 고맙다는 말을 달고 삽니다. 누구를 만나든 감사의 말을 먼저 꺼내도록 습관을 들였습니다. 돈을 내고 물건을 살 때도 마찬가지입니다.

 마음에 드는 물건을 살 수 있는 것은 그것을 만들어준 기술자 덕분입니다. 그것을 발견하고 매입해준 상점 덕분이기도 하고요. 제게 그것을 권유해준 점원 덕분이기도 합니다. 하나의 물건이 자신의 것이 되기까지, 고마워해야 할 일들이 이토록 거듭되어온 것입니다. 그러니 돈을 주고 사더라도 당연히 감사해야지요.

 매일 만나는 사람, 행동을 함께 해주는 사람, 자신을 지지해주는 사람은 더 말할 것도 없습니다. 감사, 오로지 감사해야 할 일입니다. 그런 마음가짐에서 새로운 가능성이 열립니다.

 상식적으로 생각해보면 아주 쉬운 이치입니다. 도움을 주었는데 고마워하는 사람과 고마워할 줄 모르는 사람이 있습니다. 그 다음에 좋은 기회가 생기면 당연히 감사할 줄 아는 사람에게 기회를 주지 않을까요. 우리의 잠재의식도 마찬가지입니다. 진심 어린 감사가 또 다른 도움과 지원을 끌어당기고, 그에 감사함으로써 다른 감사할 기회가 찾아오게 됩니다.

 또한 인간관계에 있어서도, 끊임없이 감사하다 보면 사람들이 당신의 존재가치에 눈 뜨게 되고, 그 결과 당신을 진정 원하게 됩니다. 누군가가 강렬하게 원하는 존재가 되는 것, 그것이 바로 새로운 일로 이어지고 그 지점에서 이익이 창출될 가능성이 싹트는 길입니다.

감사하지 않고는 절대 아무 일도 시작되지 않으며, 설사 기회가 주어졌더라도 절대 선순환을 이룰 수 없다는 사실을 마음속에 새겨두어야 합니다.

오늘은 몇 번이나 감사하다는 말을 했는지 한번 세어보십시오. 날마다 그 숫자가 늘어남에 따라 풍요로움에 가까이 다가서게 됨을 곧 실감할 것입니다.

'감사하다', '고맙다'라는 말은 그 자체로 감정을 조절하는 효과도 가지고 있습니다. 분노, 증오와 같은 부정적인 감정이 느껴질 때 "감사합니다"라고 중얼거리면 부정적인 감정이 눈 녹듯 녹아내립니다. 평정을 유지하는 간편한 방법으로는 감사만 한 것이 없습니다.

> **$ 연 수입 10억을 벌어들이려면**
>
> "감사합니다"라는 말을 입에 달고 살아라. 이는 인간관계와 배움, 부의 선순환을 일으키는 마법의 주문이다.

정신적이든 물질적이든
부가 이루어지는
모든 과정은 '감사' 라는
한 단어로 요약할 수 있다.
당신이 감사하는 마음을
가지지 않는다면
풍요로움과는 인연이
멀어질 수밖에 없다.

조셉 머피(성직자이자 작가, 1898~1981)

Millionaire's guide to Learning,
Earning, and Getting rich

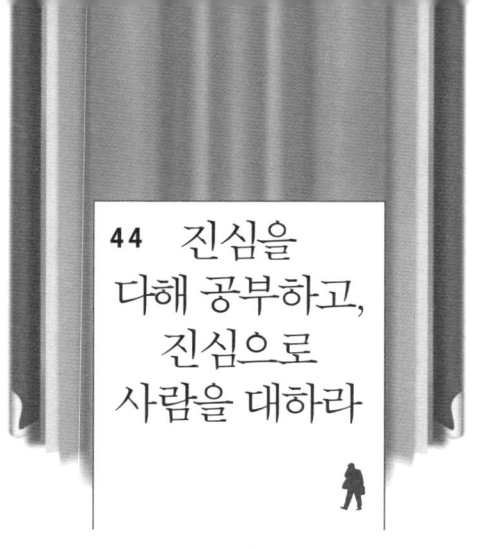

44 진심을 다해 공부하고, 진심으로 사람을 대하라

종종 바쁘게 공부했다며 자랑스러워 하는 사람을 만날 수 있습니다. 그러나 누누이 강조하건대, 공부는 자기만족으로만 끝나서는 안 됩니다. 특히 자기계발과 관련된 배움은 더더욱 그렇습니다. 배움은 머릿속에 들어있을 때가 아니라, 움직이고 행동으로 옮겨질 때 비로소 가치를 만들어낼 수 있습니다.

어느 정도 지식이 축적되면, 에너지 충전이 다 되었을 때처럼 머릿속에서 행동화 스위치가 켜질 것입니다. 문제는 그다음입니다. 내면의 스위치를 누르고 변화를 시작하십시오. 현재 종사하는 분야의 지식이라면 업무에 적용하면 됩니다. 만약 본업 이외의 영역, 즉 자기계발 등의 공부라 해도 배운 것을 사용하기 위해 전력을 기울여야 합니다. 행동해야만 결과가 나타나는 법입니다. 가시적인 변화는 전혀 시도하지 않으면서, 열심히 공부해도 성과로 이어지지 않는다고 말하는 사람이 너무 많습니다.

IT 기술자가 자기계발을 배우는 경우를 생각해볼까요? 새로 습득한 기술을 소프트웨어 개발에 적용하듯, 자기계발 프로그램에서 배운 새로운 동기부여 방식을 일상에 적용합니다. 그러면 본업인 개발을 할 때도 일을 대하는 자세가 완전히 달라지게 됩니다. 내면의 행동화 스위치가 작동을 시작한 것입니다.

이 책을 읽고 있는 여러분도 지금 당장 옆에 있는 사람에게 진심으로 감사의 말을 건네 보십시오. 변화는 이렇게 시작됩니다. 감사가 습관이 되면 진심이 행동으로 드러나고, 이렇게 행동이 바뀌면 당연히 상대의 리액션도 바뀌기 마련입니다. 동료나 라이벌 사이에 행동화가 일어나 서로에게 작용하면 분위기는 한층 활기차집니다. 일이 잘 돌아가고 있으며, 모두가 한 단계 업그레이드 하고 있다는 생각에 마음의 풍요로움이 생성되지요. 그 풍요로운 느낌이 잠재의식에 잠들어 있는 부의 원천을 자극합니다. 결국 필요한 것이 필요한 만큼 손에 들어오는, 최고의 풍요로운 상태가 실현되는 것입니다.

$ 연 수입 10억을 벌어들이려면

배움의 진정한 가치는 행동으로 실현된다.

Millionaire's guide to Learning,
Earning, and Getting rich

5
공부습관으로 당신의 잠재력을 200% 끌어올려라

45 목표를 달성했을 때의 기쁨을 체화하라

"선생님은 공부를 정말로 좋아하시나 봐요."

연간 100일 이상을 세미나, 강연회, 특별연수 등에 할애한다는 사실을 알면 대부분 사람들은 이렇게 말합니다. 그렇습니다. 지금의 저는 공부를 진심으로, 무척이나 좋아합니다. 공부하면서 느끼는 희열, 배운 것이 현실화되는 기쁨을 떠올리는 것만으로도 마음이 들썩일 정도이지요.

하지만 학창 시절, 특히 대학을 다닐 때까지만 해도 "공부를 무척이나 좋아하는" 타입은 아니었습니다. 초·중학교 때는 운동으로 날을 지새우는 소년이었지요. 친구의 아버지가 아시아선수권 3위인 유명 탁구선수였던 덕분에 어렸을 때부터 탁구를 제법 혹독하게 배웠습니다. 홋카이도의 겨울 추위는 매섭습니다. 그 추위 속에서 매일 아침 훈련을 했지요. 방과 후에도 주위가 어두컴컴해질 때까지 오로지 랠리와 서브 연습을 했습니다. 시합에서는 강렬한 스매시와 오버 액션 서브처럼 화려한 개인플레이를 주고받지만, 평상시에는 단조로운 기초연습을 지긋지긋할 정도로 반복합니다.

그 후에는 러닝과 근육훈련이 이어졌습니다. 단조롭고 고된 노력이 요구되는 매일의 연속이었습니다. 그 덕분인지 중학교에 입학한 후 첫 대회에서 첫 번째 시드로 나가 우승패를 손에 거머쥐었지요. 당시의 기쁨은 지금도 잊을 수가 없습니다.

목표를 세우고 노력해서 그에 걸맞은 결과가 따라오면 최고의 기쁨을 느낄 수 있습니다. 따분하고 고통스러운 노력의 기억은 목표를 달성한 그 순간에 사라져 버리고, 대신 가늠할 수 없을 만큼 큰 기쁨으로 바뀐다는 사실을 온몸으로 느끼게 됩니다. 그러한 기쁨은 한번 맛보면 절대 잊을 수 없습니다. 거듭해서 그 기쁨을 맛보고 싶어지게 되지요. 그러면 좋은 의미에서 '노력 중독'이 됩니다.

최근 들어 약간 가라앉기는 했지만, 어느 시기에 저는 완전히 노력 중독 상태였는지도 모릅니다. 당시를 돌이켜 보면, 제 아내도 "어쩌나 열심히 하는지, 그땐 정말 당신이 정상이 아니라고 여겨질 정도였어요"라며 웃는답니다. 공부하는 희열에 사로잡혀서 비행기를 타서도 계속 이어폰을 끼고 공부 내용을

CD로 들었지요. 새로운 CD로 바꿔서 들을 때도 있었지만, 같은 내용을 몇 번이나 반복해서 들을 때도 잦았습니다. 심지어는 가족여행을 가서도 이어폰을 내내 꽂고 있었을 정도입니다. 가족들이 불만을 털어놓지 않았던 사실이 새삼 고맙습니다.

공부의 희열이란 대체 무엇인지, 어떻게 하면 느낄 수 있는 것인지 묻는 분이 많습니다. 그러한 기쁨을 느끼려면 몰입이 필요합니다. 몰입의 전제는 노력입니다. 심지어 중독이라 할 정도로 강박적으로 공부하며, 그렇게 하지 않으면 마음이 편치 않습니다. 원하는 것을 얻을 때까지 파헤치고, 충만감이 느껴질 때까지 배움에 매달리다가 마침내 바라던 경지에 이르렀을 때, 그 성취감은 말로 다 할 수 없습니다. 이러한 경험이 축적되면 그것이 다시 몰입의 동력이 됩니다.

운동, 게임, 공부, 업무 등 무언가에서 가슴 뿌듯한 성취를 이뤄낸 경험이 있다면 떠올려보십시오. 큰 도움이 될 것입니다. 지난한 노력 끝에 엄청난 기쁨이 있을 것을 알기에, 목표를 향해 가열차게 몰입할 수 있기 때문이지요.

제가 이제까지 한 점 흐트러짐 없이 노력할 수 있었던 것 또한 학창 시절 운동했던 경험 덕분입니다. 노력은 자신을 배반하지 않는다는 사실과 목표를 달성한 순간의 기쁨을 깊이 체화했던 것이 본능적인 동기부여가 되었습니다. 종종 식은땀이 날 정도로 어려운 세미나를 성공적으로 마칠 때면, 지금도 어렸을 적 겪었던 우승의 감동이 생생히 되살아나서 몸이 떨릴 정도로 짜릿한 기쁨이 느껴집니다.

유도만능줄기세포를 만든 공로로 노벨상 후보가 된 교토대학교의 야마나카 신야 교수도 학창 시절에는 유도와 럭비에 빠졌었고, 열 번 이상 골절된 경험이 있다고 합니다.

아이가 노력을 즐기고 공부를 좋아하는 어른으로 성장하기를 원한다면 어렸을 때는 공부보다 운동을 시키기를 권합니다. 어른이 된 후에라도 마찬가지입니다. 무엇보다 먼저 성취감을 맛볼 필요가 있습니다. 배움의 기쁨은 그 연장선상에 있으니까요.

$ 연 수입 10억을 벌어들이려면
성취의 경험을 축적하며, 성취감을 온몸으로 체화하라.

46 이기는 습관을 내 것으로 만들어라

　탁구를 통해 몸에 익힌 것은 그뿐만이 아닙니다. '이기는 습관'이 몸에 뱄던 겁니다.

　최근에는 초등학교도 들어가기 전 유치원 단계부터 교육열이 높고, 심지어는 엄마 태중에서부터 다니는 영어학원도 있다고 합니다. 공부도 분명 중요하지요. 하지만 그 이상 중요한 것은 무언가에 전념해서 성취해내는, 그런 과정을 반복해서 체험하는 것이라고 생각합니다. 그럼으로써 이기는 습관을 만들어갈 수 있기 때문입니다.

　저도 아이가 있기에 자식에게 조금이라도 좋은 교육을 시키려는 그 마음을 압니다. 하지만 공부만으로는 인간으로서의 힘, 인간력의 기반은 형성되지 않습니다.

치과 경영을 하면서 많은 사람을 고용하고 있기 때문에 면접을 통해 일을 잘할 수 있을지 여부를 단시간에 판단해야 할 때가 많습니다. 그런데 학교에서 좋은 성적을 받은 사람보다 운동으로 두각을 나타내거나 평소 운동을 열심히 하는 사람이 업무에서 높은 성과를 보여줄 때가 단연코 많다는 사실을 알게 되었습니다. 물론 이것은 하나의 경향일 뿐, 공부를 잘하는 사람 가운데에서도 멋진 노력을 보여주는 경우도 많을 겁니다.

하지만 운동을 열심히 하는 사람이 공부든 업무든 좋은 성과를 내기가 쉽습니다. 경험을 통해 그런 경향을 확실히 확인할 수 있었습니다.

운동을 경험한 사람이 왜 나중에 큰 힘을 발휘하게 될까요? 운동은 육체뿐 아니라 정신적으로도 강인함이 요구되기 때문일 겁니다. 운동은 승패와 기록, 누구의 눈에나 확실하게 보이는 결과가 나오기에 절대로 속임수나 변명이 통하지 않습니다. 자신과의 싸움을 통해 본질적인 인간성을 수련해가기 때문이라고 생각합니다.

운동을 하다 보면 자신의 진정한 힘과 맞닥트리게 됩니다. 재능부족, 노력부족이라며 회피하는 것은 허용되지 않습니다. 그런 체험을 하면서, 인생은 자신의 힘으로 살아갈 수밖에 없다는 사실을 강렬하게 자각하게 됩니다.

어렸을 때 승자의 감정과 성취했다는 한없는 만족감을 맛본 사람에게는 이기는 기쁨과 이기는 습관이 새겨지게 됩니다. 어떤 상황에서든 절대로 이기겠다는 강한 생각을 품게 되지요. 결국 업무에서도 이기는 방법을 선택하게 됩니다. 지지 않기 위해 위험을 분산하는 습관마저 몸에 배어 있습니다.

오사카에 건축 도장과 리폼을 전문으로 하는 어느 기업이 있습니다. 오사카의 가장 좋은 땅에 자사 빌딩을 가지고 있는 이 기업의 창업자는 전직 권투선수입니다. 챔피언 결정전 직전에 몸이 망가져서 어쩔 수 없이 은퇴를 했고 페인트 가게 견습생으로 새로운 인생을 시작했다지요. 당시 학력은 중졸인 상태였습니다. 20대에 창업을 했고 지금은 도쿄에도 지점을 가진 대기업이 되었습니다. 그가 쓴 책에 의하면 고통스러운 나날이 몇 번이나 찾아왔지만, 권투선수 시절를 생각하면 그 어떤 일에도 무너지지 않겠다는 강한 마음을 가질 수 있었다고 합니다. 그는 회사가 확실히 자리 잡자 대입 검정고시를 친 후 대학에 입학하여 간사이의 명문대학을 졸업했습니다. 대학생이었을 때 자녀도 같은 학년이었다고 하지요.

그 역시 맹렬한 공부 애호가입니다. 어렸을 때 권투로 몸에 익힌 이기는 습관이 일생의 자산이 되었고 지금도 그의 인생을 전진시켜주는 큰 힘이 되고 있습니다.

이전에 운동에 열중했던 체험이 없으니 안 되겠다고 포기할 필요는 없습니다. 이기는 습관은 지금부터라도 충분히 익힐 수 있습니다. 스키나 골프, 장기나 게임이라도 좋으니 이것 하나만은 다른 사람에게 지지 않겠다는 단 한 가지를 가져보십시오.

공부를 시작한다면 처음에는 단계를 조금 낮게 해서라도 높은 성적이 가져다주는 기쁨, 이기는 기쁨을 마음속 깊이 맛보는 것이 좋습니다. 그 기쁨이 다음으로 나아가는 힘을 이끌어내 줄 것이기 때문입니다.

그리 높지 않은 산이라 해도 정상에 섰을 때의 쾌감은 큰 법입니다. 그런 쾌감을 거듭해감으로써 이기는 습관을 몸에 익히는 것, 바로 그것이 중요합니다. 그렇게 하면 배움에서도 이기는 습관을 발휘해서 반드시 큰 성과를 손에 넣을 수 있게 됩니다.

> **$ 연 수입 10억을 벌어들이려면**
> **이기는 기쁨을 맛보고, 이기는 습관을 몸에 익혀라.**

배움이 있는 하루가
배움이 없는
기나긴 인생보다
낫다.

쿠바 속담

Millionaire's guide to Learning,
Earning, and Getting rich

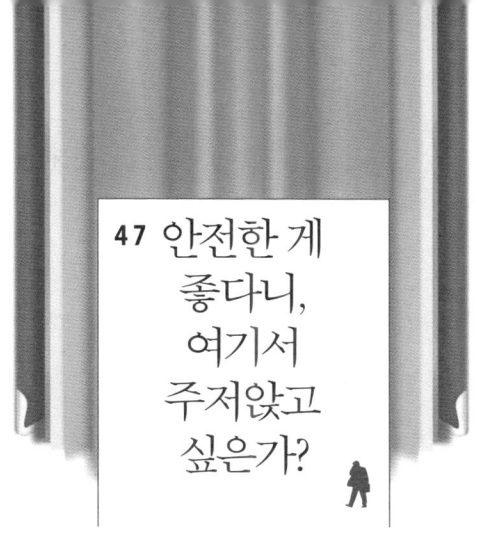

47 안전한 게 좋다니, 여기서 주저앉고 싶은가?

저는 현상에 만족한 적이 없습니다. 언제나 조금 더 전진해 가려는 희망을 품고 있기에 다른 누구에게도 뒤지지 않을 만큼의 노력과 투자를 이어오고 있습니다. 그런 저를 보고 혹자는 한없는 욕심쟁이라고 말할지도 모르겠습니다.

한편, 저의 현재는 부족함 없이 충만합니다. 이 이상 더 향상을 바라다니, 만족을 모르는 욕망의 화신이라 하는 이도 있겠지요. 항상 감사하는 마음을 가지라 해놓고는 정작 자신은 현상에 만족하지 못한다니, 모순이라고 말하는 사람도 있을 것입니다. 그렇지만 풍요로움에 감사하는 마음과 발전을 원하는 마음, 두 가지는 전혀 모순되는 것이 아닙니다. 주어진 데 감사하는 것은 인간의 도리이고, 성장을 추구하는 것은 인생의 임므이기 때문입니다.

그렇기에 저는 현상에 안주하려는 마음이 조금도 없습니다. 지금보다 내일이, 내일보다 모레가 더욱 좋아졌으면 합니다. 그렇게 강하게 바라며 실제로 누구에게도 지지 않을 만큼 노력하고 있다는 자부심도 있습니다.

"여가를 즐기면서 편안하게 사실 때도 되지 않았나요?"

이렇게 묻는 사람들에게 저는 답합니다.

"매일의 생활에 안주해버리면 더는 성장할 수 없습니다."

기업에서는 해마다 경영계획을 세우는데, 아무리 불황인 상황, 곤란한 경영환경에 처해있더라도 전년도보다 플러스알파를 목표로 내세웁니다. 이제 충분히 벌었으니 올해 정도만 하면 된다는 기업은 틀림없이 언젠가는 쓰러지게 됩니다. 그 회사의 주식을 가지고 있다면 지금이라도 당장 팔아치우라고 권유하고 싶을 정도입니다.

어째서 현상 유지가 곧 쇠퇴를 의미하는 걸까요? 이유는 명쾌합니다. 현실은 잠시도 멈추지 않기 때문입니다. 모든 것은 나선을 그리며 전진하고 있습니다. 그 때문에 의식적으로 향상되어야 한다는 목표를 세우지 않으면, 자신은 현상유지라고 느껴도 어느 순간 돌이킬 수 없을 만큼 뒤떨어져 버렸다는 사실을 깨닫게 됩니다.

어느 정도 수확을 얻었다고 느끼는 요즘도 저는 세미나 참가

등에 많은 시간을 할애하고 있습니다. 이것은 기업으로 말하면 전년도보다 더 높은 실적을 목표로 내건 것과 마찬가지라고 할 수 있지요.

새해나 생일을 맞을 때마다 작년의 자신보다 얼마나 더 많이 성장했는지를 스스로 점검해보십시오. 그것이 매일의 습관이 되면 더욱 좋습니다.

$ 연 수입 10억을 벌어들이려면
어제보다 나은 내일을 만드는 것, 그것은 인생의 임무이다.

48 교양의 저력은 예상치 못한 순간 나타난다

"이로써 얼마간은 무사태평하겠네요"라고 한 사람이 말하면 그 즉시 "버넘의 숲이 움직이기까지는요"라고 다른 사람이 받습니다. 학회가 끝난 후 어느 대학의 총장 자리와 관련해 이야기를 나눴을 때의 일입니다.

버넘의 숲이란 셰익스피어의 〈맥베스〉에 나오는 유명한 장면입니다. 서양의 의사나 기술자 가운데는 폭넓은 교양을 익힌 사람이 많아서 이야기 중간에 그런 교양이 무척 자연스럽게 스며 나옵니다. 그런 장면을 접할 때마다 감탄하곤 하지요.

최근에는 "교양은 무기다"라는 말이 자주 들립니다. 실제로 일류 인재라 평가받는 사람을 만나보면, 전문지식이나 기술뿐만 아니라 폭넓은 교양을 익히고 있으며, 그 교양이 전문지식이나 기술과 결합하여 진정한 광채를 내뿜는다는 걸 느끼게 됩니다.

　문화적인 지식이나 체험을 폭넓게 익힌 사람은 무엇보다 한 인간으로서 매력적입니다. 그림과 음악, 연극 등은 물론이고 인간성 탐구의 정신을 승화시킨 분야를 잘 안다는 것은 그만큼 인간을 깊이 이해하고 느끼는, 감수성이 풍부한 삶을 살고 있다는 증거입니다.

　해외의 콘서트홀은 정장 차림으로 참석하는 것이 매너입니다. 낮에는 딱딱한 정장 차림이었던 커리어 우먼도 훌륭한 귀부인 차림으로 참석합니다. 에스코트하는 남성도 나무랄 데 없는 신사가 되지요. 중간휴식 시간에는 샴페인 잔을 들고 셰익스피어의 대사나 유명한 오페라 아리아의 한 구절을 인용하기도 합니다. 그런 세계를 일상적인 생활의 일부로 삼고 있는 사람과 기술을 높이기 위해 달려오기만 했던 사람 사이에 큰 차이가 생기는 것은 당연합니다.

　물리학과 정보통신 등, 민첩한 두뇌 회전이 요구되는 과학 분야에서도 교양의 깊이가 연구 성과를 높이는 데 큰 힘이 된다고 합니다.

　일례로 아인슈타인은 바이올린의 명수로서 여행 시엔 반드시 바이올린을 지니고 다녔으며, 환영회 자리에서는 자주 연주를 들려주었다고 하지요. 물리학을 연구할 때도 "음악으로 사고한다"고 했을 정도입니다. 아인슈타인에게 일과 음악은 서로 보완

하는 관계에 있었으며, 때로는 음악으로 인한 감정 동요가 계기가 되어 물리학 발상이 이루어지는 경우도 종종 있었다고 전해집니다.

이제까지 많은 공부를 해왔지만, 최근에는 책을 읽거나 세미나에 참석하는 것만으로는 진정한 의미의 공부라고 할 수 없다는 생각이 절실해졌습니다.

몇 년 전부터 학회 참석으로 해외에 나갈 때는 미술관이나 콘서트홀에 가는 시간을 어떻게든 가지려 하며, 교양을 쌓는 노력을 게을리하지 않으려 합니다. 이처럼 예술이나 문화를 더욱 많이 접하고 인간성을 감지하는 감각을 풍성하게 만듦으로써 저 자신이라는 존재 자체가 높아지면, 그때 비로소 배움은 진정한 가치를 가질 것입니다.

> **$ 연 수입 10억을 벌어들이려면**
>
> 예술, 인문, 문화와 친숙해져라. 교양은 당신이란 존재에 광채를 더해줄 것이다.

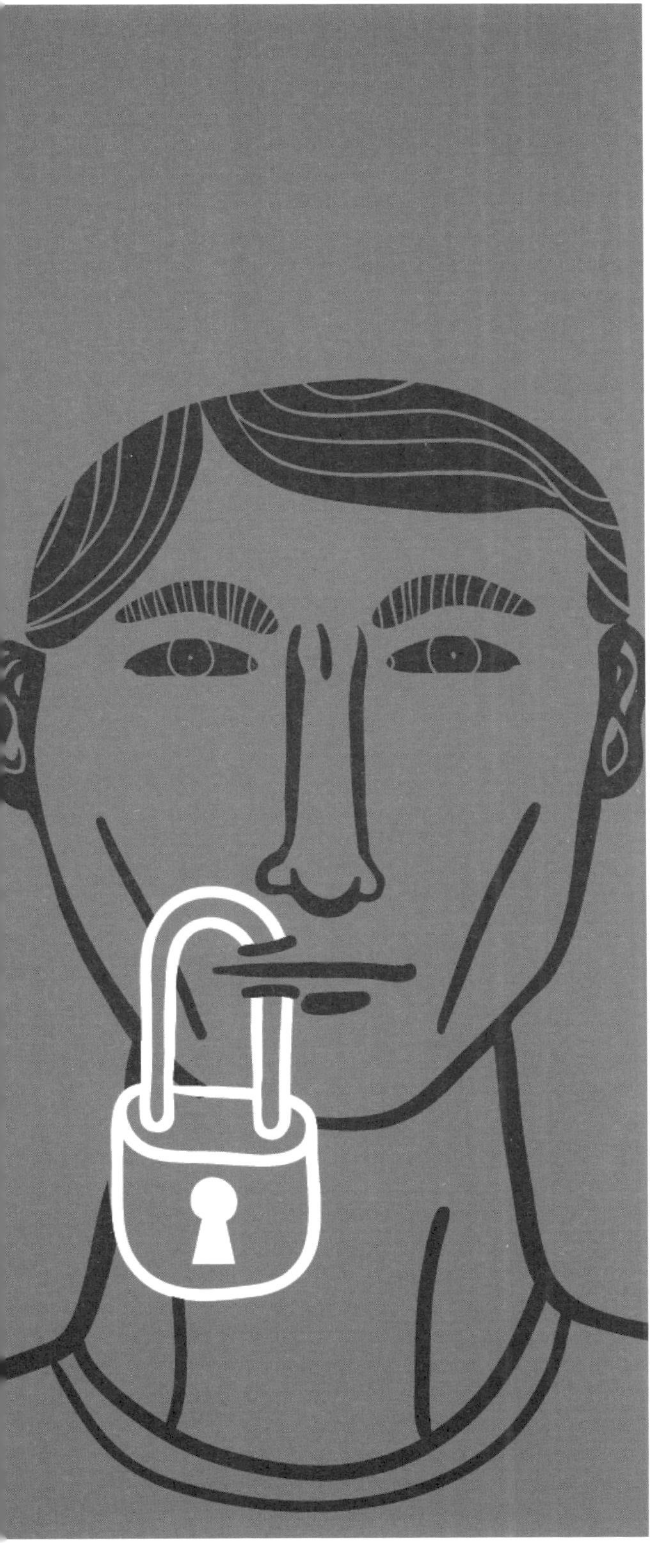

멋진 그림과 음악,
책을 접하지 않고
세월을 그저
막연히 보내서는
안 된다.

요한 괴테(독일 문학가, 1749~1832)

Mill onaire's guide to Learning,
Earning, and Getting rich

49 사서 쌓아두어도 좋으니 책을 사라

한 사람의 지혜와 지식은 별것 아니지만, 독서나 강연 DVD를 통해 다른 사람의 지식과 사고방식을 자신의 것으로 만들 수 있으니 정말로 감사한 일입니다.

저는 독서량도 많고, 좋다고 생각하는 책은 읽을 시간이 있는지 고려하지 않고 그 자리에서 즉각 구매해 버립니다. 책이나 DVD도 일기일회입니다. 만남의 순간을 놓쳐버리면 나중에 서점에 가더라도 이미 진열이 끝나버린 경우도 많고 또 그대로 잊어버리는 일도 적지 않기 때문이지요.

사람과의 만남과 마찬가지로 책과 세미나, 이벤트도 맞닥뜨린 순간이 바로 만나야 할 최고의 타이밍인 것입니다. 그런 기회를 절대로 놓치지 말아야 합니다. 당분간 읽을 시간이 없어서 사서 그대로 쌓아놓는다 할지라도 자신에게 들어온 책은 그 순간부터 잠재적인 힘이 됩니다.

요즘은 운명학을 공부하고 있습니다. 어느 책을 통해 일본에서 인간과학을 연구한 하세가와 히로카즈의 존재를 알게 되었습니다. 하지만 그가 쓴 책은 이미 절판되어서 어디서도 팔지 않았지요. 저자의 연락처를 알아내 연락해봤더니, 이미 고인이 되었다는 사실을 알게 되었습니다. 거기서 포기하지 않고 미망인에게 연락한 결과 모든 저서를 구할 수 있게 되었습니다. 그런 책 한 페이지 한 페이지가 마치 세포가 된 것처럼 지금의 저 자신을 형성하고 있다고 생각합니다.

$ 연 수입 10억을 벌어들이려면
책은 자신을 만들어주는 세포가 된다.

50 신간 소식을 받아보면 효율이 배가 된다

2010년 한 해 동안 일본에서 출간된 신간 서적만도 7만 4천 권이 넘는다고 합니다. 매일 200권이 넘는 새로운 책이 차례로 진열되는 셈이지요. 저 자신이 매년 몇 권의 책을 출간하기 때문에 서점에 자주 가는 편이지만, 서점 구석구석까지 돌아다니는 일은 거의 없습니다. 더군다나 새로 나온 책들은 베스트셀러가 되지 않으면 길어봤자 이삼 주 안에 서가에 꽂혀 독자의 시야에서 사라지지요. 그렇다고 해서 하루가 멀다고 서점에 갈 수도 없는 노릇입니다.

그렇다면 어떻게 자신에게 필요한 책, 읽고 싶은 책을 찾아낼 수 있을까요?

저 자신이 책 한 권과의 만남으로 자기계발 배움에 이끌렸고,

그것을 계기로 생각이 바뀌어서 인생에 대한 자세가 크게 바뀐 것처럼 책과의 만남은 때로 인생을 극적으로 변화시킵니다. 좋은 책과의 만남을 어떻게 만들어갈 것인가, 이 또한 배움의 큰 과제입니다.

'되도록 많은 책을 접하고 싶다. 그것도 시간을 덜 들이고'라는 모순된 생각을 현실화할 방법이 있습니다. 신간소개 잡지를 이용하는 것입니다. 일본의 《TOPPOINT》는 매월 수많은 신간 중에서 읽어볼 가치가 있는 책을 소개해주는 가이드북입니다. 1987년에 창간된 이래, 이 잡지의 소개로 좋은 책과 만나고 효율 높은 독서습관을 확립했다는 사람이 상당수라는 이야기를 들었습니다. 저도 10년 이상 애독하고 있지요.

잡지에서 채택하는 책은 비즈니스 서적, 논픽션이 중심이며, 그 중에서도 비즈니스 서적의 비중이 높습니다. 매월 100권 전후의 신간서적을 탐독한 후, 그 중에서 새로운 발상과 아이디어가 빛나는 책 10권을 엄선합니다. 그 10권의 내용이 4페이지 분량으로 응축되어 게재되어 있습니다. 그 내용을 읽으던 책의 콘셉트를 대체로 파악할 수 있고, 느낌이 오는 책이 있다면 실제로 구입해서 읽으면 됩니다. (우리나라에서는 각종 출판사, 온라인 서점 등의 뉴스레터를 통해 신간 소식을 받아볼 수 있으며 일간지나 주·월간지 출판면에서 신간 소개를 접할 수 있습니다. 도서 요약 서비스를 제공하는 업체들도 있습니다. ―편집자 주)

공부의 효율을 높이는 방법이 있다면 적극적으로 이용하십시오. 이처럼 배움을 효율화하고 공부 기술을 향상시킨 덕분에 바쁜 일정 와중에도 상당히 많은 책을 독파할 수 있었습니다.

$ 연 수입 10억을 벌어들이려면

정기적으로 신간 도서 소식을 받아보라.

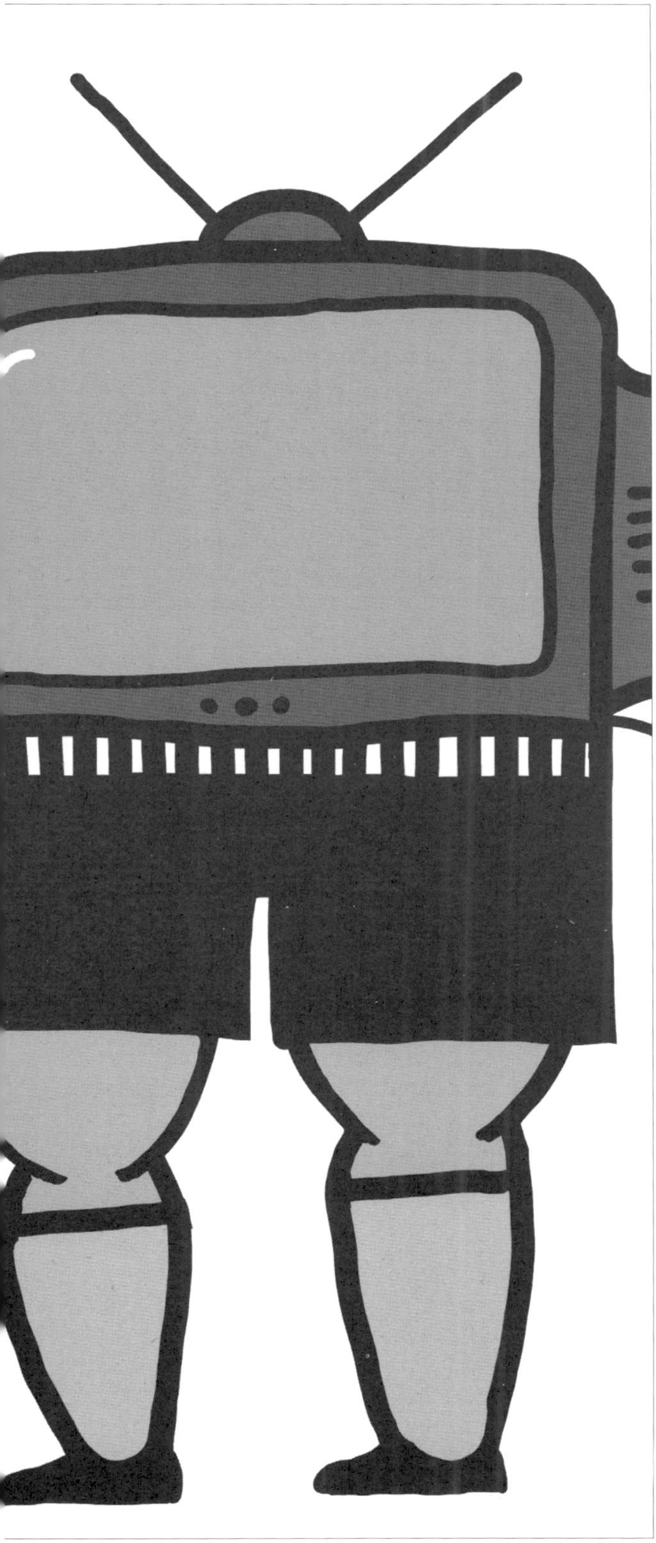

독서는
충실한 인간을
만들고,
글쓰기는
정확한 인간을
만든다.

프란시스 베이컨(영국 철학가, 1561~1626)

Millionaire's guide to Learning,
Earning, and Getting rich

51 반드시 몸에 책 한 권을 지니고 다녀라

책을 많이 읽을 수 있는 한 가지 방법은 항상 손 닿는 곳에 책을 놓아두는 것입니다. 제가 아는 지인은 항상 세 권 이상의 책을 동시에 읽고 있습니다. 한 권은 집무실 책상 위에, 한 권은 침대 머리맡에, 한 권은 가방 안에 넣고 다니며 틈틈이 읽는 것입니다. 그 역시 상당히 방대한 독서량을 자랑하지요.

제 경우에는 이제까지 읽었던 책 중에 좋았거나 도움이 된 책은 반드시 손 닿는 곳에 놓아둡니다. 그렇게 했더니 책과 DVD를 놓아둘 공간이 모자라게 되었지요. 상당히 넓은 원장실 벽 한 면을 붙박이 책장으로 만들었는데, 이미 꽉 차서 더 수납할 수 없는 상태여서 바닥에 쌓아올렸더니 걸어 다닐 공간조차 없어져 버렸습니다. 결국에는 다른 곳에 서고를 증축했습니다. 책과 함께 쫓고 쫓기는 과정을 반복하는 셈입니다.

　재미로 읽는 책은 다른 의미겠지만, 배움에 대한 책은 제 인생의 일부입니다. 될 수 있으면 손길이 닿는 곳에 놓아두는 건 그런 이유입니다. 다른 공부를 하다가도 '아, 지난번에 봤던 책 내용과 같은데' 또는 '어쩐지 연결되는 내용인 듯한데' 라는 생각이 들면 금세 전에 봤던 책을 꺼내 들고 다시 읽습니다. 한 번 읽는 것으로 책의 모든 문장과 내용이 각인되지는 않습니다. 대부분의 책이 두 번째 읽으면 새롭고, 세 번째 읽으면 다시금 이해되며 그 이상 보면 깊이 공감할 수 있습니다. 이처럼 독서를 거듭한 결과 배움을 두 배, 세 배로 강화할 수 있었습니다.

　그리고 잡지 인터뷰를 할 때는 거의 원장실 책장 앞에서 합니다. 책장은 바로 저 자신입니다. 스스로 선택하고 읽어온 책이 지금의 저를 만들었다고 생각하기에 배경으로 장서의 내용이 전달되기를 바랍니다.

　외출할 때는 최소한 세 권 이상의 책을 가지고 나갑니다. 사두고 읽지 않은 책이나 이전에 읽었던 책이 등장할 기회이지요. 이동시간은 바쁜 사람에게 최고의 독서시간입니다. 스포츠신문이나 주간지를 펼치거나 핸드폰으로 뉴스를 보거나 게임하며 시간을 보내는 사람도 많지만, 그런 이들을 보면 시간이 너무 아깝다고 느껴집니다.

　저 또한 스포츠신문이나 주간지를 보기도 하지만, 기껏해야

10분이면 충분합니다. 그 후에는 가지고 온 책을 꺼냅니다. 때로는 비행기가 늦어지거나 예상 이상의 대기시간이 발생하는 경우도 있는데, 가방에 책이 들어있기만 하면 기다리는 시간조차 행운이라는 생각이 듭니다. 이런 긍정적인 자세는 잠재의식의 작용을 강화하는 힘이 되지요.

여러분도 이동시간, 틈새시간을 활용해 책을 읽을 자신만의 방법을 연구해보십시오.

> **$ 연 수입 10억을 벌어들이려면**
> **한 권 이상의 책이 항상 손 닿는 곳에 있도록 하라.**

52 정복해야 할 것은 다른 무엇도 아닌 자기 자신이다

　20대, 30대, 40대……. 성인이 된 이후 공부를 지속한 결과, 여러분은 어디까지 진화했습니까? 단, 실용영어기능시험 2급을 취득했으니 다음에는 1급에 도전하겠다는 식의 단계적 시도는 진정한 진화라 할 수 없습니다.

　물론 이와 같은 공부에 의미가 없다는 것은 아닙니다. 3급을 취득한 다음 2급을 목표로 하고 다시 1급에 도전해나가는 식으로 단계를 밟아가는 일은 성장의 기쁨을 느끼게 하며 노력의 가치를 알게 해줍니다.

　그렇지만 끊임없이 공부하며 이뤄내는 진화의 참뜻은, 노력을 통하여 자신을 제어하는 방법을 익히는 데 있지 않을까요?

　인생에는 유혹이 넘쳐납니다. 추운 아침 침대에서 일어날 때면 더 자고 싶다는 유혹을 이겨내야 합니다. 지하철에서 책을 펼쳐 읽으려면 '한숨 자고 싶다'거나 '게임이나 해볼까'라는 마음을 극복해야 하지요. 유혹은 일하는 도중에도 끊임없이 엄습해옵니다. 잠시 머리를 식힌다는 명분으로 동료와 잡담을 나누고 싶은 유혹, 인터넷으로 뉴스를 검색하거나 쇼핑을 하고 싶은 유혹 등등. 밤이 되면 업무나 공부보다는 다른 일에 시간을 쓰고 싶은 유혹이 더욱 커질 것입니다.

그렇다면 어떻게 해야 유혹으로 흔들리는 자신을 억제하고, 부끄럼 없이 일을 완수해낼 수 있을까요? 목표를 끊임없이 상기하며, 모든 유혹을 차근차근 이겨내는 수밖에 없습니다. 원래 목표로 삼았던 것을 향해 온 신경을 집중해야 합니다. 승리는 이렇게 내면과의 갈등을 이겨낸 자에게만 부여되는 것입니다.

자신을 제어하는 연습을 거듭하며, 자기 절제력을 기르십시오. 자기 절제의 경지에 도달하면 원하는 것, 이를테면 부와 안정을 얻을 수 있는 길이 열립니다.

$ 연 수입 10억을 벌어들이려면

자신을 다스리면 목적을 달성하게 된다.

53 포기할 이유를 찾는 것은 자신에 대한 배신

"하려고 했는데 갑자기 출장이 잡혀버렸어요."
"마음은 굴뚝 같지만 경제적인 여건이 허락을 안 하네요."
 이렇게 투덜거리기만 해서는 인생이 절대로 호전되지 않습니다. '이렇게 하고 싶다, 해야지'라는 생각이 들면 어떤 일이라도 관철시킵시다. 무조건 돌파할 수 있습니다.
 이런저런 핑계를 입에 담는 사람은 어차피 그 정도의 의욕밖에 없다는 증거입니다. 애초부터 포기하려는 마음이 강해서 그런 자신을 긍정하기 위해 구실을 찾는 것이라고 해도 반론할 여지가 없을 겁니다.
 '안 돼, 할 수 없어, 결국 무리야.' 이렇게 생각하는 순간, 앞에 분명히 열려 있던 길이 닫혀 버립니다. 무언가를 구실 삼아 포기하는 것은 스스로 가능성을 봉쇄하는 행위로, 자신에 대한 가장 큰 배신이라 해도 과언이 아닙니다.

어느 날 베트남에 갈 일이 있어서 오비히로에서 하네다 공항으로 향했습니다. 하네다에서 나리타를 경유해 호치민에 갈 예정이었지요. 그런데 대형 태풍의 영향으로 하네다 공항에 착륙할 수 없었고, 나고야 국제공항에 내렸습니다. 공항에서 텔레비전 뉴스를 보니, 생각 이상으로 큰 재해가 일어났더군요. 당연한 말이지만, 다소 불안한 기분이 들기도 했습니다. 주변 사람들도 '이런 기상에 호치민은 무리'라며 다들 말릴 정도였으니까요.

비슷한 경우 대개는 베트남 행을 포기할지 모릅니다. 하지만 저는 포기한다는 생각은 전혀 떠올리지 않았습니다.

결국 나고야 공항에서 다섯 시간을 대기하고, 여행사와 몇 번이나 통화한 끝에 다음날 오비히로 공항에서 나리타로 날아가 나리타에서 다시 세 시간을 기다려 간신히 베트남에 도착할 수 있었습니다.

이렇게까지 한 것은, 어떤 경우에도 포기하지 않는다는 원칙을 가지고 있기 때문입니다. 인간은 습관의 동물입니다. 처음이 곤혹스럽지, 한 번 포기하면 그다음부터는 아무렇지 않게 포기하게 됩니다. 나중에는 조금만 어려워도 '이번 건 포기!'라며 손을 들게 되지요.

그러나 어떤 경우에도 가능성은 남겨져 있기 마련입니다. 바로 눈앞에 보이지 않는다고 해서 희망을 버려서는 안 됩니다. 반드시 다른 방법이 있을 거라고 믿어 보는 겁니다. 타개책이 될 길은 바로 그 지점에서 열리게 되어 있습니다.

포기라는 항목은 아예 머릿속의 선택지에서 지워버리실시오.

> **$ 연 수입 10억을 벌어들이려면**
> '포기할 이유'를 찾지 말라. '포기하지 않는 습관'을 들여라.

정복해야 할 것은 산 정상이 아니라 자기 자신이다.

에드몬드 힐러리(인류 최초로 에베레스트 등정을 완수한 뉴질랜드 등산가, 1919~2008)

Millionaire's guide to Learning,
Earning, and Getting rich

54 가지고 태어난 운명을 아는 것도 능력이다

　모든 배움의 종착점은 '인간을 아는 것', '인간을 이해하는 것'입니다.

　경영의 신이라 불리는 마쓰시타 고노스케는 물건을 만들기 전에 사람을 만드는 것이 무엇보다 중요하다고 했습니다. 그는 "인간은 갈고닦으면 광채가 나는 다이아몬드 원석이다"라는 인생관을 가지고 있었고, 어떤 사람이든 빛나는 부분이 있기 마련이므로 그 부분을 잘 연마하면 된다고 버릇처럼 말했습니다. 그렇다면 '그 빛나는 부분'은 어떻게 찾아냈을까요? 다름 아닌 운명학을 이용했다는 것입니다. 운명학으로 타고난 재능이나 경향성을 알아보았는데 틀림없이 맞았다고 합니다.

　그 사실을 알게 된 이후 운명학을 배워야겠다는 생각이 들었고, 통신 교육을 받으면서 이제까지 다양한 운명학을 공부해왔습니다.

　제 공부법의 특징은 '어떻게든 진심을 다해 공부한다'는 것, 오로지 그 하나입니다. 하나의 주제를 정해 놓고 그 시간에는 그 주제에 대해 철저하게 공부합니다. 덕분에 운명학을 배우기 시작한 이후 개성학, 소질론, 사이그램Psygram(개인이 가지고 태어난 성격, 성질, 재능 등을 통계 데이터에 의해 특정화시킨 것. 명칭은 사이콜로지와 다이어그램을 합한 조어로서 개인의 심리적 도식을 의미함) 등 다양한 인간분석학을 공부하기에 이르렀지요.

　이렇게까지 공부하는 데는 다 이유가 있습니다. 철저하게 배움을 지속하면 반드시 성과로 이어지는 길이 보였기 때문입니다. 공부해서 결실을 보지 못했다는 사람이 많은데, 그럭저럭한 수준의 공부에 그치는 경우가 대부분일 것으로 생각합니다. 일단 시작했으면 끝을 보십시오. 그러면 그 끝에서 공부를 성과로 전환하는 자신만의 방식을 찾게 될 것입니다.

　다시 운명학에 관한 이야기로 돌아가보지요. 워낙 배우는 것을 좋아하는데다가, 겨우 입문했을 뿐인데도 운명학의 심오함이 느껴져서 점점 더 운명학에 빠져들고 있습니다. 밤늦은 시간 원장실 책상에 낮아 '사주명리' 만세력을 들여다보며 친구와 지인들의 운명을 맞춰보니, 이제까지 그들의 인생과 잘 들어맞는다는 사실에 어찌나 흥분되던지요. 결국 더 공부해서 운명학 사범자격까지 취득했습니다. 그 후에는 비즈니스 파트너와 일할 때면 그 사람의 운명을 알아보고 그 운명에 맞는 방법으로 접근하는 방법을 채택합니다.

사람은 자신이 태어나는 환경을 선택할 수 없습니다. 태어난 지점에서 인생이 시작되는 이상, 운명에 영향을 받는 것은 피할 수 없는 일입니다. 운명학을 통해 어느 정도는 그 사람의 타고난 성격이나 소질, 약점과 강점을 알 수 있습니다. 또한 운명학으로 미래를 예지하고 그것을 활용하여 인재 육성이나 업무 대처 방식을 고려하면, 그 사람에게 맞는 길이 보입니다. 자신의 장래계획을 설계할 때도 운명학이 예지해주는 미래는 무척 큰 참고가 됩니다.

성공을 바라는 사람 대부분이 경영이나 커뮤니케이션을 공부합니다. 하지만 그것만으로는 사람을 움직일 수 없습니다. 사람이 움직이지 않는 한 성과를 거둘 수 없지요. 성공의 길을 걷고 싶다면, 그 경지까지 배움을 지속해야 합니다. 그러기 위해서는 처음부터 끝까지 철저하게 인간을 이해하는 공부가 필수입니다. 태어나면서부터 주어지는 천성과 살면서 개척하는 변수를 운명이라는 거시적 관점에서 파악하는 운명학은, 그런 의미에서 '인간을 통찰하는 공부'라 하겠습니다.

운명학을 배운 후 저는 미조쿠치 멘탈테라피스트 스쿨에서 바이오리듬을 배웠고 몇 안 되는 멘탈테라피스트로서 인정받았습니다. 그 후에 분석학을 근간으로 《환자를 팬으로 만드는 최강 커뮤니케이션》이라는 책을 출간하기도 했지요.

거듭 강조하지만, 그 어떤 배움이든 마지막에는 성과로 이어 나가는 것이 중요합니다. 성과로 나타남으로써 그 배움은 비로소 다른 사람에게 도움이 될 수 있으며, 금전적인 이익으로도 이어지게 됩니다.

$ 연 수입 10억을 벌어들이려면

가지고 태어난 운명을 아는 것 또한 공부이다.

55 배움으로 운명을 개척하라

 운명학을 배우면서 저는 오히려 '운명은 스스로 만들어가는 것'이라는 사실을 실감하게 되었습니다. 사람은 태어난 순간 운명적인 성격과 강점, 약점을 부여받게 됩니다. 하지만 그것은 불변이 아니라 가변적인 것들이지요. 일란성 쌍둥이가 완전히 똑같은 인생을 걷는 경우가 없다는 사실이 그 점을 잘 말해줍니다.

 그렇게 천성을 부여받고 나면 그 후부터는 주어진 바를 의식에 의해 확대하거나 성장시켜 가게 됩니다. 때로는 억압해버리기도 하지요. 이렇게 살아가면서 행하는 수많은 선택과 경험, 만나는 사건과 사람들이 작용한 결과 그 사람만의 운명이 만들어지는 것입니다.

인생이란 절대 거창한 것이 아닙니다. 하루하루 생활이 축적되면 그것이 바로 인생입니다. 생활은 습관에 의해 만들어지는 경우가 많은데, 그 습관은 대개 성격에서 비롯됩니다. 잘못된 생활습관을 계속 이어가게 되면, 바이러스가 퍼져 질병이 생기듯 하루하루가 습관의 영향을 받아 전체 인생이 일그러져 버립니다. 그러한 일그러짐이 바로 운이 나쁜 사람의 운명입니다. 결국 자초한 것이지요.

운명을 좋은 방향으로 돌리고 힘을 불어넣는 것은 그렇게 어려운 일이 아닙니다. 꿈이나 목표의 방향을 자기중심에서 타자에게 도움이 되는 쪽, 사회에 공헌하는 쪽으로 전환하면 됩니다. 그런 이동이 가능해지면 운명은 호전되고 그 후의 운명은 상승기류를 타게 됩니다.

꿈이나 목표가 없다는 것은 말이 안 됩니다. 종종 가족의 행복이 인생의 목표라고 말하는 사람도 있습니다만, 가족을 소중하게 여기는 것이 꿈이 아니라 인간으로서 당연한 자세일 뿐입니다. 돈을 많이 버는 것 또한 꿈이라 할 수 없습니다. 수입은 공부와 일에 따라오는 결과물에 불과합니다.

꿈이나 목표는 사회적 가치와 연관되어야 합니다. 이를 근간으로 해서 사회를 향해 에너지를 발산해가면 결국 그것이 운명을 만드는 에너지가 됩니다.

사회에 공헌한다고 해서 반드시 카네기나 록펠러처럼 대규모의 사회사업을 떠올릴 필요는 없습니다. 자신이 지금 하고 있는 일, 지금 할 수 있는 일이 사회와 확실하게 연결되어 있다면 바로 그것이 사회공헌이 되는 겁니다.

중요한 점은 사회적 가치를 위해 살아가고 있다는 의식을 분명하게 갖고 있어야 한다는 사실입니다.

> **$ 연 수입 10억을 벌어들이려면**
>
> **사회를 위해 일하라. 그것이 운명을 개척하는 가장 좋은 방법이다.**

56 아주 작은 차이가 큰 격차를 만든다

   남자 100미터 달리기의 세계신기록은 9초 58입니다. 자메이카의 우사인 볼트 선수가 2009년 8월 16일에 수립한 기록이지요. 인류가 100미터를 10초 이내에 달린다는 것은 '절대 불가능'에 가까우며 달성하기 힘든 과제였습니다. 하지만 1968년에 미국의 짐 하인즈 선수는 멕시코 올림픽에서 9초 59로 질주하여 금메달을 따내면서 불가능의 벽을 무너뜨렸습니다.

   운동선수의 기록을 보면 불과 0.01초를 좁히는 데도 상상을 초월하는 트레이닝과 시간이 필요하다는 사실을 알게 됩니다. 이것은 운동에만 한정되지 않습니다. 배움의 성과도 그야말로 아주 작은 차이를 쫓다 보면 달성되는 것입니다.

   매일 책 한 페이지라도 좋으니 반드시 배움을 습관화하는 것이 중요합니다. 시간이 있을 때는 열 페이지, 스무 페이지로 늘려가도록 합시다.

인간은 습관의 동물입니다. 매일 태만하지 말고 계속 배워감으로써 큰 배움이 달성되어 가는 것입니다.

매일 한 페이지라도 배우는 것, 이것은 운동선수가 그 어떤 날에도 연습을 거르지 않는 습관과 같은 것입니다.

운동선수가 하루 훈련을 쉬면 그만큼 저하된 운동능력을 되돌리기 위해 3일이 걸린다고 합니다. 아주 작은 차이가 큰 차이로 이어진다는 사실은 그 반대의 경우에도 적용됩니다.

> **$ 연 수입 10억을 벌어들이려면**
> **단 하루도 공부를 거르지 마라!**

얼핏 보기에
작은 일이라도
전력으로 임해야 한다는
사실을 잊지 마라.
작은 일을
성취할 때마다
인간은 성장한다.
작은 일을 하나씩
정확하게 처리하면
큰 일은 저절로
따라오는 법이다.

데일 카네기(미국 자기계발가, 1888~1955)

Millionaire's guide to Learning,
Earning, and Getting rich

57 지구본을 곁에 두고 발상의 크기를 바꿔라

　세계적인 감각으로 발상하고 행동하는 것은 요즘의 상식이라 할 수 있습니다. 의료 세계에서도 의료 관광산업이 당연시되어서 홋카이도에 있는 병원에 미국을 비롯한 외국 환자가 방문하는 시대입니다.

　저도 치과기술 공부는 물론, 자기계발 분야의 배움을 위해서라면 국내외를 가리지 않고 움직입니다. 좋다는 생각이 들면 세계 그 어느 곳이든 참석할 정도니까요. 어학능력이 뛰어나다면 더 좋겠지만, 언어가 잘 통하지 않는다 해도 상관없습니다. 요즘에는 소규모 회의장에도 통역기능이 갖춰져 있고, 그렇지 않은 경우에는 통역을 부탁하면 됩니다. 배우려는 마음만 있다면 언어는 충분히 해결 가능한 문제입니다.

한 마디로 국경의 제한이 없어진 시대입니다. 분쟁지역만 아니라면 세계 어디든 단 며칠 안에 다녀올 수 있습니다. 외국을 다니다 보면 확실히 감각이 넓어지고 풍성해지는 것이 느껴집니다. 다른 나라의 문화를 접함으로써 내면의 문화 수용체가 늘어나기 때문입니다. 그래서 가능하면 정해진 관광코스가 아니라, 현지 사람들의 라이프 스타일을 십분 즐길 수 있는 로컬 여행을 권합니다.

그러나 해외 여행이 말처럼 쉬운 것은 아니지요. 돈도 돈이지만 시간이 허락되지 않는 경우도 많습니다.

제 경우에는 그래서 눈길이 닿는 곳에 지구본을 놓아두고 있습니다. 머리를 식힐 때면 지구본을 빙빙 돌려보며, 세계가 넓다는 사실에 새삼 놀라곤 합니다.

여러분도 이따금 자신의 행동반경을 지구본에 그려넣어 보십시오. 국제적인 생활을 하는 사람일지라도 불과 몇 센티 정도에 불과하다는 사실에 아연실색할 겁니다. 겨우 이 몇 센티 안에서 아등바등 살아가고 있다는 데 생각이 미치면 약간 서글퍼지기도 하지요.

그리고 지구본을 보면서 몇 센티를 몇십 센티, 혹은 그 이상으로 넓혀갈 수 있을지 없을지 한번 생각해보십시오. 그에 따라 미래의 규모는 크게 달라지게 됩니다. 이 방, 이 거리, 이 지역, 이 나라……. 그 안에서 인생이 끝나버린다면 너무 아깝다는 생각이 들지 않나요?

　작은 가치관에 얽매이지 말고 자신의 세계를 계속 넓혀가도록 합시다. 앞으로는 지구본마저 작게 여겨질지 모릅니다. 우주정거장에서 업무를 처리하는 모습을 상상하는 시대가 열릴 지도요. 아니, 언젠가는 반드시 그런 날이 올 거라 생각합니다.

> **$ 연 수입 10억을 벌어들이려면**
> **자신의 세계를 더욱 넓혀라.**

Millionaire's guide to Learning,
Earning, and Getting rich

6
잠재력을
성취력으로!
원하는 나를
완성하라

58 희소 금속에서 존재의 가치를 배운다

　세계시장에서 희소금속 쟁탈전이 치열합니다. 희소금속이란 산업에서 활용되는 비철금속 가운데 매장량이 극히 제한된, 예를 들면 리튬, 베릴륨, 바나지움, 세렌 등을 말합니다.

　어느 분야에서나 압도적인 역량을 가진 것에는 높은 평가가 따르고 많은 이득이 생기기 마련입니다. 하지만 압도적인 힘을 가지기 위한 길은 험난하고 제한적이지요. 이치로 선수 같은 사람은 몇 년에 한 명 나오기 힘든 것이 현실입니다. 그 정도로 힘을 가질 자신감도 재능도 없다면, 스스로 희소금속화하는 길이 있습니다. 희소한 존재가 되는 것은 절대 어렵지 않습니다.

　저는 치과의사로서 기술을 연마하는 한편, 환자가 언제 방문하더라도 통증이나 상태를 조금이라도 완화할 수 있도록 따스

하고 안락한 분위기를 만들기 위해 노력했습니다. 두 가지 모두 상당히 높은 수준으로 실현했다고 자신합니다. 물론 우리 병원과 어깨를 나란히 할 곳이 분명 존재하겠지요.

하지만 저는 치의학 박사이자 동시에 경영학 박사 학위를 가지고 있습니다. 이 두 가지를 함께 가지고 있는 사람은 무척 적을 겁니다. 희소화, 즉 이 두 가지를 함께 가짐으로써 저는 자신을 '희소금속화' 하여 가치를 높일 수 있었습니다.

마찬가지로 우리 병원도 '희소금속화'에 성공했습니다. ISO 09001, ISO 14001 인증을 받았기 때문입니다. 치과에서 ISO 09001, ISO 14001 인증을 함께 취득한 곳은 별로 없을 겁니다. 세계로 시야를 넓혀 보아도 사례를 찾기 쉽지 않으리라 생각합니다. 국내외를 막론하고 환자가 늘고 있는 것이 그 증거로, 희소가치를 인정받은 것이라 생각합니다.

개인에게도 같은 공식을 적용할 수 있습니다. 전문 분야의 최신정보나 기술을 빠르게 습득하고, 거기에 어학능력을 더하며 나아가 자기계발과 관련한 배움도 실행하는 겁니다. 이렇게 이중, 삼중으로 그물망을 겹쳐 가십시오. 하나씩 완수해갈 때마다 '희소금속' 화가 진전되고 높은 가치를 지닌 존재가 될 수 있습니다.

현대경영학의 아버지로서 존경받는 피터 드러커도 다양한 영역의 '배움'을 거듭하여 자신을 '희소금속화' 한 사람입니다. 드러커가 대학에서 전공한 것은 법학이었습니다. 하지만 그는 법학 외에도 역사, 미술, 종교 등 어느 한 분야에 그치지 않고 배움의 범위를 계속 넓혀갔습니다.

그런 배움을 거듭할 때마다 드러커의 사고는 다른 사람이 범접할 수 없을 정도로 높은 수준으로 갈고닦아졌고, 결국에는 이제까지 그 누구도 시도한 적 없는 '미래학', '사회생태학'이라는 영역을 개척하게 되었지요.

사람의 사고와 행동 양식, 과거에서 현대까지의 방대한 역사를 알게 되면 경영을 꿰뚫는 원리, 원칙이 보이게 됩니다. 드러커는 이런 식으로 현대 최고의 경영학자로서 전 세계의 존경과 신뢰를 한몸에 받는 존재가 되었습니다. 드러커의 경우는 '희소'를 뛰어넘어 그야말로 '유일'한 존재가 되었다 해도 과언이 아닙니다.

배움을 지속하는 그의 자세는 생을 다할 때까지도 사그라지지 않았다고 합니다. 그는 95세라는 나이로 장수했지만, 95세가 되어서도 매년 주제를 정해서 집중적으로 배움을 지속했다고 전해집니다. 90대가 되고 나서 셰익스피어 전집을 모두 다시 읽었고, 사망하기 전 해인 2004년에는 명나라 시대의 중국미술에 대해 공부를 시작했다고 하지요. 만년까지 은퇴라는 단어를 떠올릴 수 없을 만큼 집필과 강연에도 의욕적이었습니다.

드러커는 기업 매니지먼트에 관한 고찰이나 실제적인 조언으로 세계적인 명성을 얻었지만, 개인적인 성장에 대해서도 날카로운 시선을 거두지 않았습니다. 그는 '스스로의 강점을 강화시킴으로써 자기변혁을 이룩하고, 항상 성장궤도를 그리는 사람'을 지식노동자knowledge worker라 명명하며 지식노동자를 목표로 해야 한다는 메시지를 설파했습니다.

지극히 평범한 인간이라도 다층적, 다각적으로 배움을 거듭함으로써 희소가치가 있는 지식노동자가 될 수 있습니다.

큰 용기와 희망이 솟아오르지 않습니까?

> **$ 연 수입 10억을 벌어들이려면**
> **배움을 거듭함으로써 자신만의 희소가치를 만들어라.**

허울뿐인
성공보다는
진정 가치 있는
인간이 되도록
노력하라.

알버트 아인슈타인(물리학자, 1879~1955)

Millionaire's guide to Learning,
Earning, and Getting rich

59 성공을 원하는가? 자신의 성공을 단언하라!

1년 후, 3년 후, 혹은 5년 후 자신이 어떤 모습이기를 원합니까? 기회가 있을 때마다 그에 관해 열정적으로 말하는 사람, 그런 사람은 1년 후, 2년 후에는 반드시 바라는 사람이 되어 있을 겁니다.

어떤 사람이 되고 싶으며, 어떤 모습을 목표로 하는지 끊임없이 거론하는 것이 중요합니다. 말로 표현된 언어는 무엇보다 먼저 자기 자신의 잠재의식에 스며듭니다. 거짓말도 백 번 거듭되면 진실이 되는 것처럼요. 일단 잠재의식에 각인되면, 잠재의식은 그 모습을 현실화하기 위해 모든 에너지를 끌어모읍니다. 자신도 놀랄 만한 발상이 떠오르고, 생각지도 못한 기회가 찾아오지요.

에디슨, 아인슈타인을 비롯하여 최근에는 빌 게이츠, 스티브 잡스 등 역사를 바꾼 혁명적인 발명이 미국에서 시작되었다는 사실은 큰 시사점을 내포하고 있습니다.

일본에서는 실현되지 않은 일을 입에 담으면 사기꾼처럼 취급되는 경향이 있지만, 미국에서는 "아직 실현되지 않은 일을 선언하다니 대단히 자신 있는가 보군"이라며 긍정적으로 해석하는 풍조가 있습니다.

표현에도 차이가 있습니다. 비전에 관해 말할 때면 일본 사람들은 "만일 가능하다면", "그렇게 되면 좋겠지만", "염치없는 바람이지만" 같은 표현을 자주 사용합니다.

그러나 미국에서는 꿈보다는 자신에 대한 확신을 거론합니다. 항상 "I will……"이라며 '저는 이렇게 될 겁니다'라고 선언하듯 말하지요.

이렇게 단언하면 자신감이 생겨나고 단언할 때마다 그것이 강화되어서 결국에는 절대적인 확신으로 승화됩니다. 그 절대적인 자신감은 주변 사람들을 움직이고 잠재의식에도 작용해서 꿈이 현실화되기에 이릅니다.

> **$ 연 수입 10억을 벌어들이려면**
> **자신의 미래에 관해 자주, 확신을 가지고 말하라.**

60 공부와 장사는 소문날수록 잘되는 법

제가 생각하는 이상한 습성 가운데 하나는 '그늘에서 몰래 노력하는' 것입니다. 퇴근 후 자격증 학원에 다닌다고 해봅시다. 회식이나 동료들 간의 모임을 자꾸 거절하며, 매주 이삼일은 정시 퇴근을 할 수밖에 없습니다. 주변에서 그런 행동 변화를 눈치채고 "요즘 무슨 일 있어?"라고 물어보아도 "아니, 별일 없는데"라며 어물쩍 넘겨버립니다.

어째서 무언가를 배우기 시작했다, 그래서 정시에 퇴근하는 날이 많아졌다, 될 수 있으면 공부하는 데 시간을 쓰려 한다고 당당하게 말하지 않을까요? 회사 업무에 지장을 주지 않는다면 퇴근 후에는 어떤 일을 하든 자유입니다.

조직에 속해 있다 해도 기본적으로는 개인입니다. 정해진 시간에는 조직의 일원으로서 제약을 받지만 그 이외의 시간은 온전히 자기 것입니다. 스스로의 선택에 자신감을 가지고 당당하게 행동하면 그만입니다.

별난 사람으로 오해를 받지 않을까, 방해하지 않을까 걱정할 정도라면 오히려 있는 그대로 "요새 영어능력시험 1급을 따려고 공부 중이에요", "병원관리사 공부하려고 학원 다녀요"라고 당당하게 공표하는 것이 좋습니다. 주변 사람들이 어떤 반응을 보이더라도 해야겠다고 결심한 일을 묵묵히 해나가면 됩니다.

세상에는 아군 천 명, 적군 천 명이 있다고들 합니다. 험담하거나 훼방 놓으려는 사람이 천 명 있다면, 마음속으로든 겉으로든 응원을 보낼 사람도 천 명이 있습니다. 그것만으로도 만족할 일입니다. 만 명을 아군으로 만들려는 생각은 무모합니다. 아군 천 명 가운데 뜻밖의 기회에 당신을 기억해주는 사람이 있을지 모릅니다.

어느 지인의 부인이 한류 드라마에 푹 빠져서 한국어를 공부했다고 합니다. 그러면서 오늘은 이런 말을 배웠고 이런 단어를 외웠다며 주변에 즐겁게 이야기했다지요. 어느 날 남편의 친구 중에 작은 여행사를 경영하는 사람으로부터 새로 계약한 한국인 직원의 부인이 일본에 친구가 없어서 쓸쓸해한다며, 한국어를 할 수 있는 일본인 친구가 있었으면 한다는 이야기를 들었습니다. 처음에는 그 부인과 일주일에 한두 번 일본어, 한국어를 교환하며 수업을 시작했고, 지금은 그 여행사뿐만 아니라 일본에서 일하는 한국인들과 그 부인에게 일본어를 가르치는 전문가가 되었다고 합니다. 10억까지는 아니지만 수입도 나쁘지 않다는군요.

회사에 따라서 혹은 상사에 따라서는 커밍아웃을 하기 힘든 경우도 있을 겁니다. 결국 임기응변적인 판단이 필요하겠지만, 기본적으로는 공부하는 것을 환영하리라 봅니다. 적어도 우리 병원에서는 공부하는 직원에게 응원을 아끼지 않습니다.

주위 사람들에게 이러저러한 공부를 하고 있다는 사실을 알리면 쉽사리 물러서기 쉽지 않고 중도에 포기한다거나 단념하기 힘들어집니다. 결국 성취 동기를 유지할 수 있는 효과도 기대할 수 있습니다.

$ 연 수입 10억을 벌어들이려면
비밀주의보다 공개주의가 꿈을 이루는 방법이다!

61 SNS를 통해 당신의 깨달음을 타인과 나눠라

'배움'에 의해 얻은 것은 그 무엇과도 바꿀 수 없는 보물입니다. 보물을 소중히 여기는 방법에는 두 가지가 있습니다. 하나는 누구의 눈에도 띄지 않도록 소중하게 은닉하는 것. 또 한 가지는 많은 사람에게 알려서 모두 함께 그 보물을 공유하는 것입니다.

저는 후자의 방법을 택하고 있습니다. 구체적으로는 블로그, 페이스북을 통해, 병원에서는 직원들에게 직접 전달하는 방법으로 제가 배운 내용의 핵심을 전달하는 것입니다. 그렇게 함으로써 제가 배운 것을 다른 많은 사람과 함께 공유하게 됩니다.

배움과 교양, 마음의 풍요로움은 물리적인 세계의 그 무엇과는 차원이 달라서 나누면 나눌수록 확대되는 법칙성을 가지고 있습니다. 둘이 나누면 가치가 두 배가 되고, 셋이서 나누면 세 배가 됩니다.

투자한 시간과 비용은 동일합니다. 즉, 함께 나누면 나눌수록 배운 시간 가치, 비용은 더욱 낮아집니다. 그에 비해 배움의 수확은 점점 더 확산되어 가치가 증가되기 때문에 더 이상 효율적일 수 없지요.

블로그, 페이스북을 통해 배움을 나누고 있는 사람을 헤아려 보면 수만에서 수십만 명에 이릅니다. 그 방대한 숫자만큼 반향이 크고, 이루 말로 다할 수 없을 만큼 큰 보람도 느낍니다.

최근에는 블로그가 인기를 얻어서 출판이 되는 경우도 적지 않습니다. 결코 그것을 목적으로 블로그와 페이스북을 하는 것이 아닌데도 말입니다.

책으로 출간되면 인세가 들어옵니다. 최근에는 책이 팔리지 않는 시대라고들 하지만 반면에 대형 베스트셀러가 탄생하기 쉬운 환경이기도 합니다. 백만 부가 넘을 정도로 인기를 끌면 10억이라는 꿈은 금세 현실로 나타납니다.

$ 연 수입 10억을 벌어들이려면

SNS를 통해 지식과 깨달음을 꾸준히 공유하라.

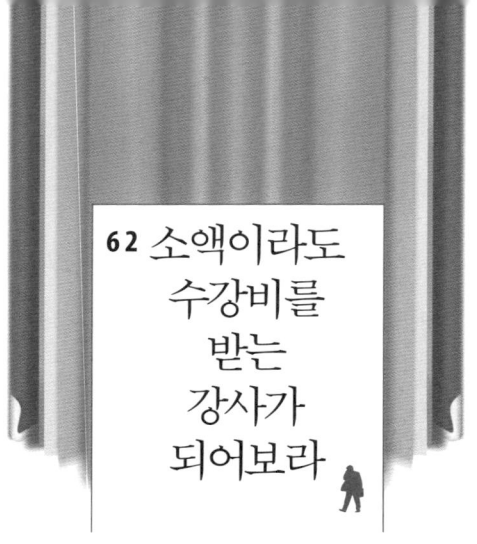

62 소액이라도 수강비를 받는 강사가 되어보라

 배운 것을 확실히 익히는 최고의 방법은 가르치는 것입니다.

 우리 병원에서는 직원이 연수를 다녀오면 다른 직원에게 그 내용을 가르치도록 합니다. 가르치는 입장에 서면 이해한 줄 알았던 내용도 실은 제대로 알지 못했다는 사실을 깨닫게 되고, 다시 한 번 철저하게 점검할 수 있기 때문입니다.

 큰 조직이라면 상사의 허가를 받아 회사 내에 스터디모임을 만드는 것도 좋은 방법입니다.

 업무가 끝난 후 한 시간 정도, 근무시간이 자유로운 회사라서 업무 시간이 일정치 않다면 아침에 한 시간 정도 오전 세미나를 여는 것도 좋겠지요.

 요즘 미국의 엘리트 비즈니스맨들 사이에서는 파워런치가 유행이라고 합니다. 점심시간을 이용, 주제를 정해서 서로 가차 없이 논쟁하는 것입니다. 여기서 힌트를 얻어 파워런치 세미나를 여는 것도 하나의 아이디어일 겁니다.

어떤 프로그램이 사람을 모으기 쉬울지, 세미나를 여는 장소는 어디로 할지, 막연히 가르친다고는 해도 이런 모든 것을 하나씩 해결하지 않으면 '가르침'은 성립되지 않습니다. 일대일로 가르친다 해도 마찬가지입니다. 이때 잊지 말아야 할 점은 가르칠 때는 반드시 수강비를 징수해야 한다는 사실입니다. 돈을 받지 않으면 동호회원끼리의 스터디모임처럼 되어버리고 진지함을 잃게 되지요. 한 번에 만 원이라도 돈을 걸으면 책임감이 생겨서 미리 자료나 간단한 텍스트를 만들게 되고 이것 역시 분명한 공부가 됩니다.

가르칠 때의 포인트는 충분한 질문시간을 두는 것입니다. 수강생은 터무니없는 질문을 하는 존재라는 사실이 세미나 강사를 하며 제가 느낀 점입니다.

화살은 모든 방향에서 날아 들어옵니다. 모든 질문에 열심히 대답하면 상당한 에너지가 소모되지만, 생각지도 못한 질문을 받고 그것에 대답하는 것 자체로 스스로 향상됨을 실감하게 됩니다. 때로는 쾌감마저 느껴지지요.

반대로 제가 수강생 입장이 될 때는 상당히 질문을 많이 하는 편입니다. 끈질기게 여겨질 정도로 말입니다. 진지하게 내용을 듣고 있으면 의문점이나 확인하고 싶은 것이 자꾸 나오고 차례로 질문거리가 생기곤 합니다. 제 입으로 말하자니 거북하기도 하지만, 바로 이런 태도가 진지한 배움의 자세라고 생각합니다.

현재 저는 뉴욕대학교에서 임플란트 프로그램의 대표, 해외 두 개 대학에서 객원강사를 맡고 있습니다. 해외의 수강생과 일본의 수강생을 비교하면 일본의 수강생은 대체로 얌전합니다. 더 분명히 표현하자면, 질문이 간단명료하지 않고 그 내용도 주관적인 것이 많습니다. 국민성의 차이도 있겠지만 기본적으로는 '배움'에 대한 진지한 태도의 차이가 아닐까 합니다.

최근에는 학생들이 수강평가를 하는 경우도 있습니다. 강좌가 끝난 후에 선생과 학생이 서로 평가를 교환하는 것도 좋은 자극이 되겠지요.

$ 연 수입 10억을 벌어들이려면
남을 가르칠 기회를 만들어라.

가르치는 것은
두 번 배우는 것이
된다.

조세프 즈베르(프랑스 철학가, 1754~1824)

Millionaire's guide to Learning,
Earning, and Getting rich

63 꿈이 이루어지는 믿을 수 없는 일이 일어나다!

지금 생각해봐도 믿을 수 없는 일이 일어났습니다. 몇 년 전에 코칭 받고 있는 이와모토 다카히사 씨와 이야기를 나누다가 "강연을 하게 되면 어떤 분과 함께하고 싶나요?"라는 질문을 받았습니다. 당시 세미나 주최자가 이와모토 씨였지요.

문득 떠오른 사람은 후나이 유키오 선생님이었습니다. 일본의 자기계발 분야에서는 두말할 것 없이 제일 존경받고 있는 분이지요. 후나이 선생님과 함께 단상에 올라가서 강연할 수 있다면……. 자기계발 세미나 강사라면 누구나 꿈꾸고 그렇게 바랄 것입니다.

솔직하게 그 생각을 말로 꺼냈습니다.

"후나이 선생님과 함께할 수 있다면 최고겠지요."

그 상황은 이제 막 등산을 시작하려는 초보자가 히말라야 등반 팀에 들어가겠다는 정도로 현실에서 동떨어진 이야기였습니다. 모두 그렇게 생각했을 겁니다. 무엇보다 그 이야기를 꺼낸 저 자신마저 너털웃음을 지었으니까요.

그로부터 8개월 후, 이와모토 씨가 주최하는 세미나에서 제 강연 데뷔가 이루어졌습니다. 더구나 그날의 메인 연설자는 후나이 선생님이었던 겁니다! 우러러볼 수도 없는 존재인 선생님과 같은 연단, 같은 강연회에서 이야기한다는 것, 신임 강사가 그렇게 데뷔하는 경우는 좀처럼 드뭅니다. 아니, 절대로 있을 수 없는 일이라고들 했습니다. 무엇보다 저 스스로 '불가능한 일이야. 이건 정말 믿을 수 없어'라고 머릿속에서 되뇔 정도였습니다.

"소망은 그것이 잘못된 것이 아닌 한 반드시 이루어진다"라는 잠재의식의 작용을 알고 있지만, 자신조차 얼마 동안은 믿기 힘든 일이었습니다. 솔직하게 바라는 것, 솔직하게 말로 표현하는 일이 얼마나 굉장한 힘을 갖는지 새삼 알게 되었습니다. 그것은 제게 기적이라고 해도 과언이 아니었습니다.

현재로서는 10억을 번다는 일이 마치 기적 같고, 도저히 있을 수 없는 일이라고 생각될 수 있습니다. 그러나 "10억을 벌고 싶다"고 그저 마음속 깊은 곳에서부터 솔직하게 생각하고 말로 꺼내어 봅시다.

후나이 선생님과 함께 강연한 것은 큰 실적이 되었고 다음 단계로 나아가는 도약대가 되어 주었습니다. 그날로부터 5년, 저는 각지의 세미나를 돌아다니며 강사로서 분주한 나날을 보내고 있습니다. 함께 강연하는 분들도 자기계발 분야의 베스트셀러 저자이거나 수많은 성공사례를 배출하고 있는, 일본을 대표하는 강사들입니다.

　배움이 거듭되고 쌓여서 스스로의 내부에서 어느 정도 성과로서 굳어지고 있다면 "무엇을 하고 싶다"고 크게 그리고 솔직하게 말로 꺼내봅시다. 가령 손이 닿지 않는 저 멀리 있는 바람이라 할지라도 말이지요. 그 소망은 누군가의 귀에 들어가게 되고 그 사람을 움직여서 결국 현실로 결실 맺게 될 것입니다.

> **$ 연 수입 10억을 벌어들이려면**
> 솔직하게, 크게, 많이 말할수록 실현될 확률이 높아진다.

64 제안을 받으면 즉각 YES를 외쳐라

열심히 배움을 지속하면 어떤 과제라 해도 '배움'과 돈을 연동시킬 기회, 다시 말하면 '배움'을 돈으로 바꾸고 돈을 벌 기회가 의외로 많습니다. 예를 들면 수강하는 세미나에서 "다음 마지막 회에는 이번 세미나를 정리하는 의미로 다른 분들 앞에서 스피치를 좀 해주세요"라는 부탁을 들었다고 해보지요. 이런 경우에 "아니오, 저는 좀……"이라며 분명치 않은 태도를 보이는 사람이 의외로 많은데, 정말로 안타깝습니다.

제 경우에는 이런 기회를 절대로 놓치지 않습니다. 다른 수강생들 앞에서 스피치를 하려면 세미나 내용을 다시 훑어봐야 하고, 무엇이 가장 의미 있었는지 무엇이 인상적이었는지를 파악해야 합니다. 이렇게 세미나에 대해 총복습하는 것이 최대의 수확이라 할 수 있습니다.

좌중의 시선이 자신에게로 향하고 모두가 내 말에 귀를 기울이는 기회를 얻는 것은 그 자체로 선물입니다. 좀처럼 얻기 힘든 기회이기도 하지요. 저는 병원에서 직원들과 회의할 때가 많은데다 원장 자격으로 조례 등도 수행하기 때문에 다른 사람들 앞에서 말할 기회가 많지만, 일반적인 경우에는 기껏해야 회의 프레젠테이션 정도밖에 없을 겁니다. 그러니 만에 하나 스피치 기회가 주어진다면 그것을 십분 즐기십시오.

똑같은 세미나를 수강하더라도 받아들이는 방식, 이해 방식은 사람마다 제각각입니다. 예를 들면 '사과'라고 말했을 때, 과일가게에 진열된 사과를 떠올리는 사람이 있는가 하면, 애플 사의 마크를 상상하는 사람이 있을 수도 있습니다. 그래서 스피치는 일대일 또는 소규모 그룹 내에서 이뤄지는 대화와는 상당히 다릅니다. 각양각색의 사고패턴을 가진 많은 사람을 대상으로 단번에 자신을 어필할 기회는 사실 많지 않습니다. 인상적이든 그렇지 않든, 일단 연단에 서서 스피치하고 나면 그들 각자의 머릿속에 당신이란 사람의 이미지가 다양한 모습으로 새겨질 것입니다.

"누구 하실 분 없으세요?"라는 이야기를 들으면 솔선해서 손을 들어보기를 권합니다. 저는 상당히 적극적인 편이라, 강사가 이렇게 말하기도 전에 손을 들고 '다음 주가 마지막인데요, 세미나에 대한 감상을 제가 잠시 스피치해도 될까요?" 라고 자처한 경험까지 있습니다.

적극적으로 자신을 어필하는 자세가 없다면 그 누구도 당신의 존재를 알아주지 않습니다. '배움'을 돈으로 이어주는 첫걸음은 스스로의 존재를 어떻게 매력적으로 어필하는가에 있습니다.

누군가 제안해오면 우물쭈물하지 말고 밝은 목소리로 "하겠습니다", "하게 해주세요" 라고 대답하십시오.

혹자는 처음부터 "하겠습니다" 라고 덤벼들기보다는 한 번 정도 사양하고 나서 다시 제안받으면 그제야 "그렇게까지 말씀하시니" 라며 받아들이는 것이 고상하다고 생각합니다. 겸허함과 고상함은 분명 소중히 여겨야 할 미덕의 하나입니다. 그렇지만 일의 세계에서는 불필요한 미덕이지요. 일을 할 때는 적극성과 자신감, 행동해야 할 때 행동하는 결단력과 용기가 더욱 중요합니다.

더구나 처음에 들어온 제안을 거절하는 행위는 모처럼 열리려는 기회를 스스로 닫아버리는 것과 마찬가지입니다. 거절당한 입장에서는 설사 완곡한 거절이라 해도 기분이 썩 좋을 수 없습니다. 처음에 거절하면 상대의 기분에 찬물을 끼얹은 결과가 되는 것입니다. 사정이 마침 안 좋았다 하더라도 상대의 마음은 단 한 번만으로 차가워지기 마련입니다. 사람의 마음은 일단 식어버리면 온기를 되찾기가 쉽지 않습니다.

제안받는 즉시 밝고 기쁨에 찬 목소리로 "네, 기꺼이 하겠습니다"라고 대답하십시오. 그 지점에서 새로운 길이 열리는 사례가 무척 많습니다. 그러한 적극성과 긍정성이 상대의 잠재의식에 좋은 인상을 남겨서 나중에 기회가 생겼을 때 '참, 그 사람이 있었지!'라고 떠올리게 되기 때문입니다. 또 어지간하면 기분 좋게 받아들이는 사람이라는 생각에 상대도 부담 없이 제안할 수 있게 됩니다.

$ 연 수입 10억을 벌어들이려면

누군가에게서 처음으로 받는 제안은 즉시 수락하라!

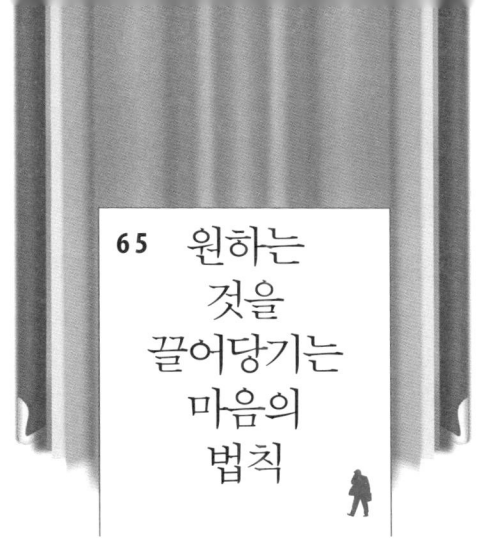

65 원하는 것을 끌어당기는 마음의 법칙

얼마 전부터 상당히 많은 자기계발 분야 세미나 강연 의뢰를 받고 있습니다. 이런 상황은 한 걸음 한 걸음 배움을 지속해온 결과 도달한 하나의 봉우리라고 생각합니다. 물론 앞으로도 발전의 길은 계속 이어지겠지요.

하지만 지금 저는 100퍼센트 행복하며, 자긍심도 가지고 있습니다. 병원 경영은 확대일로에 있으며, 책도 연속해서 베스트셀러가 되었고 자기계발 강사로서도 서서히 돈을 벌 수 있게 되었습니다.

이 분야의 강사 중에는 한 달에 일주일 정도만 강연해도 부러움을 살 만한 수입을 올리는 사람도 있다고 합니다. 제가 아는 어떤 분은 강연이 없는 기간이면 하와이에서 지내며, 하루에 두

세 시간 집필을 한 후 나머지 시간에는 느긋하게 다이빙을 즐깁니다. 그런가 하면 저는 정반대로 24시간이 모자랄 정도로 일과 공부, 강연에 시간을 쪼개 쓰며 바쁘게 살고 있습니다. 그분과 저의 모습은 언뜻 다른 듯 보이지만, 실은 추구하는 바의 삶을 실현하고 있다는 면에서 동일합니다.

이처럼 자신이 지향하는 삶의 방식을 실천하고 깊은 행복감을 느끼면 잠재의식이 최대한 작용하여 필요한 것, 원하는 것은 무엇이든 손에 들어오게 됩니다. 경제적인 면에서 보자면 돈을 끌어당기는 자기장이 형성되는 것이지요.

그러한 자기장이 제게도 서서히 만들어지고 있음을 실감합니다. 저는 이제까지 눈앞의 기회를 적당히 넘겨 버린 적이 단 한 번도 없습니다. 아무리 피곤하고 몸 상태가 나쁘더라도 말입니다. 이렇게 기회에 진심으로 감사하며 성심성의껏 일을 완수할 때마다 실감의 정도는 점점 더 커져갑니다.

연 수입 10억이란 상징적인 표현입니다. 일견 도저히 현실화될 수 없어 보이는 것도 실은 완벽한 형태로 충족될 수 있음을 알고, 그 길을 찾기를 바랍니다. 원하는 자신의 모습, 도달했으면 하고 바라는 경제적 상황, 직장에서의 위치, 가족 모두 풍요롭게 지낼 수 있는 환경 등 소망을 이루는 방법은 생각외로 아주 심플합니다.

오늘 행복감을 만끽하며, 바라는 것이 실현될 내일에 감사하십시오. 그리고 매일 할 수 있는 일에 최선을 다하며 나다운 삶을 만들어가면 원하는 것을 끌어당기는 강한 자기장이 형성됩니다. 일단 자기장이 작용하기 시작하면 불가능한 것이란 없습니다.

$ 연 수입 10억을 벌어들이려면

지금에 감사하며 내일을 추구하면, 잠재의식은 우리를 돕는다.

66 당신은 양극화의 어느 쪽에 속하는가?

지금까지 배움을 통해 수입을 올리는 삶의 방식에 관해 이야기했습니다. 이 책에서 말하는 연봉 10억이란 구체적인 숫자라기보다는 높은 수준의 보상을 가리킵니다. 자기 분야에 최선을 다하면서 기술과 자세를 연마하여, 세상과 다른 사람에게 공헌하는 것을 최대의 기쁨으로 삼고 살아가는 사람이라면 거기에 상응하는 보수를 받게 될 거라고 확신합니다.

세계경제는 지금 혼돈에 빠져 있습니다. 경제를 견인해왔던 나라들이 연이어 위기를 겪고 있으며, 나라를 막론하고 전 세계적으로 중산층이 사라지는 중입니다. 게다가 선진국들은 대체로 인구고령화 추세에 있어서 세계경제의 회복 여부는 불투명합니다.

이러한 사태를 불러일으킨 최대 원인은 인터넷의 출현으로, 돈이 실체를 잃어버리고 숫자를 갖고 노는 머니 게임으로 변해 버렸기 때문일 겁니다. 금융 세계에 IT가 도입되고 나서는 돈이 한없이 부풀어져 갔고, 이익도 손실도 실감을 동반하지 않게 되었습니다. 그렇지만 손에 잡히든 안 잡히든 상관없이, 비록 그것이 실체없는 숫자에 불과할지라도 돈은 현실입니다.

이제는 예전처럼 중산층이라는 의식으로 살면서 만족감을 느끼는 것이 불가능합니다. 한 줌밖에 안 되는 풍요로 사람들과, 풍요로움과는 인연이 없는 그 밖의 수많은 사람들. 현재 세계는 그 두 개 층으로 분명하게 나뉘어져 있습니다. 양극화는 앞으로 더욱 가속화되고 확대되어 나갈 것입니다.

양극화는 시스템의 비극인 것이 확실합니다. 그러나 돈이 현실이듯, 양극화 역시 우리 앞에 닥친 현실입니다. 이 풍랑에 휩쓸려 빈곤의 극단으로 몰리지 않기 위해서는 개인 차원에서라도 극복하는 수밖에 없습니다.

이를 위해서는 가장 먼저, 양극의 어느 쪽에 속할 것인지를 선택하십시오. 세계적 현상에 속수무책 끌려갈 것이 아니라, 자신의 운명이니만큼 스스로 선택하는 의지를 보여야 합니다. 그리고 그 의지는 배움에 대한 강한 의욕으로 드러납니다. 즉, 배움을 축적하고 있는지 아닌지가 갈림길이 되는 것입니다.

앞으로 오랫동안 혹독한 시대가 이어질 것입니다. 이제 의지

할 수 있는 것은 자신의 능력뿐입니다. 배움으로 자신을 연마하고 인간력을 키워온 사람은 어떤 시대에도 가치를 잃지 않을 것이라 확신합니다.

혹독하고 힘든 시대에도 꿈은 이루어지며 소망은 실현될 수 있습니다. 다만 일생에 걸쳐 배우는 자세를 잃지 않는 사람만이 그것을 실현할 수 있을 뿐입니다.

> **$ 연 수입 10억을 벌어들이려면**
>
> **자신의 가치를 확고하게 높이는 것만이 불확실성의 시대를 살아갈 방법이다.**

67 내일이 바로 꿈이 이루어지는 그날일지도 모른다

공부의 성과로는 다음과 같은 것을 들 수 있습니다.

첫째, 스스로 바라는 모습에 가까워질 수 있다.

둘째, 인생이 풍요로워지는 것을 실감할 수 있다.

셋째, 실제로 수입이 늘어나고 물질적으로도 정서적으로도 풍요로운 생활을 할 수 있다.

이 세 가지는 동시에 이루어질 수도 있고 시차를 두고 이루어지는 경우도 있습니다. 하지만 반드시 찾아오게 되어있지요. 의심할 여지 없는 사실입니다.

20년이 넘는 세월 동안, 저는 언제나 최대한의 에너지를 배움에 쏟아왔다고 단언합니다. 그 결과 인생이 점점 더 풍요로워짐을 실감하며 그토록 바라던 모습이 되어가고 있습니다. 수입도 확실한 상승곡선을 그리고 있지요.

현재의 저 자신에게 불만도 부족함도 느끼지 않습니다. 그렇지만 앞으로도 계속해서 공부를 지속하며 진화해 나가려고 합니다. 배우는 일, 끊임없이 향상을 추구하는 것은 제게 '살아 있음'과 똑같은 뜻이기 때문입니다.

현상에 감사하지만 여기에 머무르거나 이걸로 됐다고 만족하지는 않습니다. 절대적인 행복감을 느끼는 와중에도 더욱 자신을 채우고 싶고 빛나는 존재가 되고 싶다는 생각이 마르지 않는 샘물처럼 솟아오릅니다. 그 원천이 바로 무한한 가능성을 지닌 잠재의식이라는 사실은 두말할 필요도 없습니다.

배움의 최대 성과는 이처럼 잠재의식을 활용할 수 있게 된 것입니다. 계속해서 배움을 지속하면, 그것이 잠재의식에 전달되어 반드시 현실적인 형태로 결실을 맺습니다. 연 수입 10억을 바란다면 10억 연봉자가 되는 날이 반드시 찾아옵니다. 어쩌면 내일이 바로 그날일지도 모릅니다.

지금부터 매 순간 100퍼센트 마음을 다해 앞으로 걸어나가십시오. 길은 당신 발아래 있습니다.

> **$ 연 수입 10억을 벌어들이려면**
> 배움을 지속하는 한 소망은 반드시 이루어진다!

행복이란
추구하는 것이 아니라
주어지는 것이다.
자신을 위해
해야 할 일을 한
사람에게
하늘이 내려주는
선물이다.

모리 신조(일본 철학가, 1896~1992)

Millionaire's guide to Learning,
Earning, and Getting rich

68 당신의 인생을 뒤바꿀 자기암시 선언

　제 수첩은 긍정적인 말들로 가득 차 있습니다. 수첩에 빼곡히 들어차 있는 일정을 보면, 몸 상태가 좋지 않은 날에는 기분이 조금 처지기도 합니다. 그럴 때면 수첩 여기저기 적혀있는 긍정 암시문을 눈으로 읽고 입으로 외우며 힘을 얻습니다.

　반드시 마음 깊은 곳에서 비롯되지 않더라도, 긍정적인 말과 생각에는 현실을 바꾸는 힘이 들어 있습니다. 마지막으로 제가 자주 사용하는 긍정적 자기암시문을 소개할까 합니다. 이러한 말들을 통해 여러분도 일상 속에서 매일 자신의 운과 운명을 개척해나갈 힘을 얻기를 바랍니다.

- 😊 내게 불가능한 일이란 없다. 내게는 원하는 모든 것을 실현할 힘이 있다.
- 😊 내게 필요한 돈은 반드시 수중에 들어온다.
- 😊 멋진 일로 가득 찬 나의 잠재의식은 반드시 모든 소망을 이루어준다.
- 😊 언제나 '오늘이 마지막 날'이라는 마음가짐으로 결단하고 행동한다.
- 😊 내게는 시대조차 반드시 내 편으로 만들 힘이 있다.
- 😊 나는 나날이 점점 더 좋아진다.
- 😊 나는 운이 좋은 사람이다.
- 😊 인생은 배움이다. 배워서 해결할 수 없는 문제는 없다.
- 😊 나는 꿈을 실현할 수 있을 만큼의 시간, 에너지, 지혜, 돈을 가지고 있다.
- 😊 나는 항상 진심을 다하며 절대 타협하지 않는다.
- 😊 내게는 넘치는 에너지와 열정이 있다.
- 😊 내 삶은 반드시 많은 이의 지지를 받는다.
- 😊 나는 언제나 감사하는 마음을 잊지 않는다.
- 😊 내가 하는 선택과 행동은 반드시 성공으로 이어진다.
- 😊 나는 언제나 나 자신을 위한 최고의 선택을 한다.
- 😊 내게는 인내력과 지속력이 있다.
- 😊 내게는 좋은 것만 모여든다.

- 😊 나는 커뮤니케이션의 달인이다.
- 😊 기적은 내 주변에서 계속 일어난다.
- 😊 내게는 우주의 무한한 풍요로움을 끌어당기는 에너지가 있다.
- 😊 내게는 다른 사람들에게 꿈과 행복을 주는 힘이 있다.
- 😊 내 인생을 방해하는 것은 아무것도 없다.
- 😊 신은 내게 무한한 부와 건강, 정신적인 풍요로움을 준다.
- 😊 내 파워는 고갈되지 않고 언제나 흘러넘친다.
- 😊 나는 언제나 최고의 선택을 한다.
- 😊 나는 실패는 성공의 어머니라는 사실을 알고 있으며, 그래서 실패를 두려워하지 않는다.
- 😊 나는 성공하기까지 끈기 있게 해내며 절대 포기하지 않는다.
- 😊 나는 항상 최고의 수준으로 자신을 표현할 수 있다.
- 😊 나는 금전 때문에 괴로움을 겪지 않는다.

Millionaire's guide
to Learning, Earning,
and Getting rich

배움을 돈으로 바꾸는 기술

초판 1쇄 발행일 2014년 1월 7일 • 초판 6쇄 발행일 2019년 2월 1일
지은이 이노우에 히로유키 • 옮긴이 박연정
펴낸곳 (주)도서출판 예문 • 펴낸이 이주현
기획 정도준 • 편집 김유진 • 디자인 김지은 • 관리 윤영조 · 문혜경
등록번호 제307-2009-48호 • 등록일 1995년 3월 22일 • 전화 02-765-2306
팩스 02-765-9306 • 홈페이지 www.yemun.co.kr
주소 서울시 강북구 미아동 374-43 무송빌딩 4층

ISBN 978-89-5659-218-3 (13320)

이 책은 저작권법에 따라 보호받는 저작물이므로 무단전재와 복제를 금하며,
이 책 내용의 전부 또는 일부를 이용하려면 반드시 저작권자와
(주)도서출판 예문의 동의를 받아야 합니다.